Markette Digitali, Il Digitale Che Non Ti Aspetti
si propone di osservare alcuni temi della rete internet
da un punto di vista leggermente differente dal solito.
L'uso quotidiano della rete ci rende più disattenti a
questioni che, se prese in considerazione nel
modo più appropriato, potrebbero evitarci pericolosi scivoloni,
sia da semplici utenti, che da aziende interessate ad
espandere il proprio business online.

DANIELE BOERCI

MARK ETTE DIGITALI

IL DIGITALE CHE NON TI ASPETTI

INDICE

INTRODUZIONE

In un'epoca che si manifesta sempre più digitale è difficile poter attirare una persona a leggere qualcosa di cartaceo. E' vero, sosterranno molti, altri riterranno comunque che il "piacere della carta" abbia ancora il suo fascino e gli irriducibili continueranno a riempire di volumi le loro librerie come ad accumulare qualcosa destinato, prima o poi, all'estinzione.

Io faccio parte quantomeno della seconda schiera di persone e, a dirla tutta, mi piacerebbe far parte della terza categoria, cioè di quelli che, riconoscendo l'indubbio valore di un buon libro, si batterebbero per preservarne i contenuti. Proprio per questo motivo, lo scritto che avete in mano non ho voluto fosse disponibile anche sotto forma di ebook al momento, nella speranza, che una certa cultura "retrò" potesse ancora avere una chance. E che magari potesse essere ancora una bella cosa andare a riprendersi un volume e rileggerne alcune parti così come faccio spesso io con i libri che ritengo più interessanti in un determinato periodo.

In questo scritto le mie parole tendono a prendere le distanze da molte delle leggende, o dei dogmi, che siamo abituati a sentire sulla rete, sul marketing che si fa online e su tutto ciò che ruota intorno ad un business digitale. Non si ha in questa sede la presunzione di insegnare alcunché, ma semplicemente mi piacerebbe poter offrire al lettore un differente punto di vista, e magari, uno spunto utile per un approfondimento su alcuni temi che, nostro malgrado, ci riguardano tutti da vicino e ci riguarderanno sempre di più, o

7

come consumatori, e quindi utenti, o come aziende.

Ho 49 anni, mi occupo di editoria ed e-commerce, ho studiato da grafico pubblicitario e ho una specializzazione in illustrazione. Da quando è nata internet ho sempre seguito il suo evolversi e le tematiche legate al suo utilizzo. Nei primi anni novanta mi ricordo le BBS, le chat IRC, il mitico videotel e i primi Sinclair, Vic 20 e Commodore 64. Ho seguito fin da subito la realizzazione dei primi siti web, i primi forum e la rivoluzione che ci ha portato oggi a considerare internet come parte imprescindibile della nostra vita di persone sempre connesse. E fin da subito ho cercato di capire, o quantomeno di farmi un'idea, di quello che potesse essermi utile per il lavoro, per la comunicazione, per vendere, insomma per ottenere dei risultati da un certo tipo di attività attraverso il "digitale". Fino all'avvento di quelli che oggi chiamiamo social e che, neanche tanto tempo fa, hanno invaso la nostra vita arrivando, molto spesso, ad influenzarla profondamente.

Per tutti questi anni ho continuato ad osservare, cercando di imparare il più possibile, ma soprattutto, cercando di usare quello che la tecnologia mi mettesse a disposizione senza però arrivare a farmi usare dalla stessa o rimanerne schiavo. E in tutti questi anni, come molti della mia età, ho visto nascere e morire molte situazioni "digitali". Ricordo idee che hanno fatto da "apripista" a successivi sviluppi, che hanno poi cambiato in meglio la nostra vita, o una parte di essa (pensate solo a quello che hanno rappresentato Napster e il P2P dei primi anni) altrettante, anzi, molte di più, che fino a ieri sembravano essere destinate ad un sicuro successo, le ho viste invece fallire miseramente, magari bruciando una marea di soldi di incauti investitori dell'epoca.

In questo libro parliamo di quello che ci succede in rete, quindi di marketing digitale, di soluzioni digitali, di successi online, di ciò a cui andiamo incontro, ma da un punto di vista leggermente differente da quello che molti guru dell'informazione (e della rete) non perdono occasione di raccontarci in tutte le salse. Cercando quindi di prenderne le distanze, in modo da osservarne i pregi, sfruttarne le possibilità, ma riuscire al tempo stesso a rimanere distaccati quanto basta per poter arrivare a riconoscere un qualcosa che ci può essere utile, da altro, che probabilmente, ci sta solo facendo perdere tempo. Una lettura insomma che consiglierei all'appassionato della rete, a chi si occupa di marketing, di promozione, di comunicazione, sia a livello di semplice interesse, sia a livello lavorativo. Non certo perché penso di poter svelare chissà quali verità, ma semplicemente per riuscire a scuotere quel naturale attaccamento e confidenza nella rete che molte persone hanno, probabilmente la stessa fiducia che, nella stragrande maggioranza dei casi, porta al fallimento di ogni nostro sforzo quando dobbiamo cercare di vendere qualcosa, o semplicemente promuoverlo, per uno qualunque dei nostri progetti.

L'auspicio quindi è che, una volta terminata la lettura di questo volume, tu possa renderti maggiormente conto delle potenzialità del mezzo che tutti noi usiamo oggi con tanta disinvoltura, ma soprattutto ti possa aiutare a mettere in atto delle contromosse, o dei comportamenti, che ti mettano al riparo dall'essere uno dei tanti "pesci" nella rete. O quantomeno a decidere, coscientemente, quando e da chi, farsi pescare.

INTERNET NON E' PER TUTTI

Affermazione un po' sconcertante quella del titolo di questo primo capitolo, lo ammetto. Ma è sinceramente quello che penso. O meglio, è quello che penso riguardo a tutti quelli che con internet intendano lavorarci, vogliano fare marketing, si occupino di vendere o promuovere qualcosa o semplicemente pensino di ricavare qualcosa di "concreto" dalla loro presenza online. Non è un'affermazione che va contro quello che è lo spirito della rete, e cioè di essere libera e universale. Quel dogma rimane anche per me.

Internet ha cambiato negli ultimi vent'anni la vita delle persone di quasi tutto il mondo, o almeno di quello che abbia una connessione a disposizione, possibilmente a banda larga. E' altresì vero che la rete ha portato in ogni angolo del pianeta l'informazione a basso costo e fruibile in modo agevole anche per chi, fino a qualche tempo prima, non avrebbe potuto accedervi. In questo senso internet resta uno strumento piuttosto democratico. I costi che qualcuno, persona fisica o impresa, deve sostenere, sono estremamente bassi. L'accesso è, prima di tutto, economico. E più andiamo avanti e più questo aspetto sarà la vera forza di tutto il meccanismo.

Meno le persone dovranno sborsare per accedere a delle informazioni praticamente infinite e più saranno spinte a farlo. Esiste quindi un primo termine che possiamo tenere a mente. Internet di per se è una opportunità economica a basso costo, quindi... internet è di fatto "conveniente". Per poter essere online bastano un computer, o un strumento equivalente, e una connessione attiva.

Questa convenienza, provate a pensarci, non sarebbe sufficiente se poi per poter effettivamente usare il mezzo ed accedere alle informazioni l'utente dovesse sudare sette camicie. I primi anni forse era così, come tutte le cose agli inizi, ora non più. La rete quindi, oltre ad essere conveniente è "facilmente accessibile". Le informazioni disponibili online sono facilmente accessibili. Il concetto quindi di convenienza si associa ad un secondo, e forse più discriminante punto fermo, la "facilità" dell'utilizzo del mezzo. Usare internet, una volta connessi, è facile. Convenienza, quindi basso costo, più facilità, costituiscono un binomio difficilmente battibile per qualunque operazione commerciale. E sulla massa, sono caratteristiche che hanno un'alta probabilità di venir benevolmente accettate.

Questa accettazione (e percezione) di "economicità" e "facilità" sono alla base di ogni proposta che avvenga su larga scala.

Ma perché allora sostengo che Internet non sia per tutti? In primis perché mi soffermo sulle persone o sulle aziende che utilizzano internet per avere un profitto, per rafforzare la loro immagine o per promuovere i loro prodotti o servizi. Esattamente come avrebbero fatto più di quindici anni or sono, queste aziende piano piano hanno spostato parte dei loro investimenti cercando una loro collocazione all'interno della rete, chi attraverso dei contenuti, chi garantendo supporto alla struttura della rete stessa, chi producendo o inventando nuovi modi di fruizione di quello che la rete potesse mettere a disposizione. Partendo da questo presupposto capisci anche tu che le aziende che molti anni fa fossero le più blasonate o importanti al di fuori della rete, è facile che lo siano anche oggi, all'interno di internet. Il fatto quindi di pensare che internet sia per tutti, almeno dal punto di vista del business, è un'affermazione che, a pensarci bene, inizia a scricchiolare un po.

Se volessi cercare di convincerti di questo concetto, che non ha niente a che vedere con il fatto che "tutti" possano usare internet, proverei a farti pensare a quali aziende ti vengono in mente oggi che abbiano un florido e soddisfacente mercato o influenza sulla rete. Sono altresì convinto che le multinazionali alle quali penseresti si potrebbero contare sulle dita di una mano, forse due, e magari corrisponderebbero a quelle che vengono in mente a me tipo: Microsoft, Google, Facebook, Apple, Amazon ed ad altri pochi colossi commerciali che tutti conoscono. Gli stessi brand sono poi quelli che ci inondano delle loro iniziative e servizi, più o meno mirati, quali Youtube, Whatsapp, Instagram e via dicendo.

Questo cosa ci porta a pensare? Se rifletti insieme a me un attimo ti accorgerai che il 95% (e oltre probabilmente) di quello che internet produce e/o rappresenta è in mano a queste grandi aziende. Non solo, le stesse che in alcuni casi ti consentono la connettività, ti danno al tempo stesso le news, oppure quelle che ti permettono di scrivere ad un amico lontano allo stesso tempo ti selezionano una serie di avvenimenti che pensano tu meriti o voglia vedere. Capisci bene che il loro "potere" e la loro "influenza" nella rete è qualcosa che va ben al di la del "fare business". Ma su una cosa probabilmente possiamo fin qui essere d'accordo. Le grosse aziende che un bel po di anni fa erano grandi (o si avviavano a diventare tali) con internet non hanno fatto altro che rafforzare questa loro posizione. Questo perché al tempo avevano i mezzi, le competenze e oggi hanno il know-how per poter competere tra di loro a viso aperto e spartirsi quello che è ben più di un semplice fatturato annuale, una torta che vale miliardi di dollari, della quale gli utenti arrivano ad assaggiare solo le briciole.

Questi stessi colossi sono stati affiancati, o in alcuni casi hanno avuto bisogno, di brand altrettanto importanti per riuscire ad ottenere i loro risultati. Parlo di una nuova generazione di aziende e servizi che sono nati e nascono dalla rete ed espressamente per la rete. Prova a pensare solo alla ricerca e alla comunicazione tra le persone. Immediatamente ti possono venire in mente Google e Facebook, se sei un po più vecchiotto magari sei tra quelli che guardano ancora con affetto a Yahoo. Insieme a queste aziende proliferano per la rete, e vengono gestite per conto di essa, le comunicazioni, le notizie, i principali servizi che online diventano presto indispensabili e che all'esterno di questo cyber spazio non avrebbero nessun motivo di esistere.

Si creano nuovi settori di mercato, pensiamo solo a quello dei browsers per la navigazione o a quello dei motori di ricerca. L'utente viene dapprima messo in condizione di soddisfare le prime due "leggi" delle quali parlavo all'inizio del capitolo, la convenienza e la facilità di utilizzo, e poi viene di fatto, poco alla volta, schedato. L'intento è quello di riuscire ad esplorare un altro settore di mercato che si presenta prepotentemente alla ribalta, quello dei dati, o meglio delle informazioni che ci riguardano e che possono aiutare i grandi gruppi ad influenzare e/o dirigere le nostre scelte, in modo consapevole o inconsapevole, ma di fatto a manipolare ciò a cui accediamo.

Stai ancora pensando che internet sia per tutti?

Lavorativamente parlando ho affermato che il 95% del prodotto internet viene controllato da alcuni grossi gruppi. Avere il controllo di una percentuale così elevata di uno strumento mette queste grosse aziende in una posizione talmente dominante da poter costruire alleanze alle nostre spalle senza che neanche ce ne accorgiamo. Come utenti usiamo tutti internet, ma come aziende "loro" guadagnano dal nostro utilizzo. E siccome il mondo è si popolato di persone ma altresì di altre aziende, piccole, medie o grandi che siano, chi ha in mano il 95% del gioco ha tutto l'interesse a non giocare da solo. Ma anzi, a fornire gli strumenti, magari gratuitamente, affinché altri soggetti, nella stragrande maggioranza delle volte, minori, possano trarre vantaggio a loro volta dall'utilizzo di internet, e quindi di fatto partecipare al gioco. O quantomeno, il rendere partecipi gli altri, seppur in forme estremamente ridotte, ha un duplice effetto, confortante e di speranza. Confortante perché rende le piccole, medie e grandi imprese parte di un business in cui si ha comunque l'illusione di unirsi nel nuovo mondo digitale in modo indipendente, di speranza perché da questa partecipazione si confida in un ritorno monetario o di immagine, insomma si spera di aumentare il proprio fatturato e di rendere maggiormente riconoscibile il proprio brand.

E' un po come quando ti si vuole vendere quei prodotti in televisione attraverso le televendite. Compri un aggeggio che ti viene detto non abbia costi, ma per il quale, una volta consegnato, sarai legato per tot tempo alla manutenzione periodica "obbligatoria" presso l'azienda che te lo ha proposto. Ed è quella che pagherai. Usando la rete per fare del business avviene la stessa cosa. Nella migliore delle ipotesi stai usando infrastruttura, tecnologia, know-how e utensili di altri per raggiungere i tuoi obbiettivi. Spesso, come nella pubblicità di poc'anzi, questi mezzi ti vengono messi a disposizione gratuitamente o a costi irrisori. Perché chi te li propone sa comunque, che per qualsiasi cosa, sarai costretto a rivolgerti nuovamente nello stesso posto.

E' come avere un modello di business estremamente controllato, che, pur di ottenere con le nostre aziende i risultati sperati, siamo inclini ad accettare senza riserve e senza farci troppe domande.

Sei quindi ancora convinto che internet sia per tutti?

E guarda che non intendo che la rete possa effettivamente essere o dare "un'opportunità" a tutti... Ma ti invito a pensare, qualunque sia il tuo business, grande o piccolo che sia, al contraccolpo che potrebbe avere il tuo brand se da domani mattina ti alzassi e di colpo non potessi più utilizzare l'email di Google, distribuire i tuoi contenuti su Facebook, venisse chiuso il tuo account aziendale su instagram e il tuo provider ti chiamasse dicendoti che nella tua città non sarà più possibile connettersi alla rete per i prossimi due mesi. A questo punto dovresti rispondere sincero. Il tuo business ne risentirebbe? Riusciresti comunque a raggiungere e/o comunicare in modo efficace con i tuoi clienti? I prodotti che vendi o il servizio che dai, avrebbe ancora un senso? Riusciresti a riorganizzare il tuo lavoro cosi come lo facevi quindici anni fa? Probabilmente la risposta è no, e se lo scenario si presentasse realmente, tu e i tuoi collaboratori, entrereste nel panico, così come probabilmente la stragrande maggioranza delle aziende e professionisti di mezzo mondo.

Sai quali sarebbero le aziende che riuscirebbero a resistere al contraccolpo e a riprendere, seppur con degli scompensi, quello che facevano prima? Quelle che oggi hanno in mano il 95% di quello che noi consideriamo l'internet di tutti. Quelle che fino ad oggi ci hanno permesso di navigare, di ricercare, di connetterci attraverso le loro infrastrutture e il loro know-how. Quelle insomma che erano grandi "prima" di internet, quelle che hanno realmente "aggiunto" qualcosa di valore alla rete e quelle che hanno lavorato affinché il grande pubblico avesse la percezione di poter usufruire di qualcosa di proprio, nonostante nulla lo fosse.

La sensazione, se ci pensi, è un po come quando si va alle giostre. Ci porti i tuoi bambini e gli fai fare 3/4/5 giri sulla stessa giostra. Il giostraio, a quel punto, ti offre il classico giro "omaggio" e tu lo ringrazi. Ma è lui a condurre il gioco. E' lui che ha incassato i tuoi soldi ripetutamente tanto da riuscire a fare il bel gesto, che gli costa praticamente nulla, ma che gli consente di avere intorno alla sua giostra ancora per un po te e i tuoi tre figli. Tu hai raggiunto lo scopo, far divertire loro, lui "te lo ha fatto raggiungere", qualcosa che hai pagato, probabilmente profumatamente, ma situazione della quale avrai comunque un ricordo piacevole in virtù della cortesia del giostraio. Sicuramente una cosa che si divertiranno a raccontare i tuoi figli una volta tornati a casa, come se fosse stato merito loro.

Vista così la situazione sembra che spesso ci sia uno scambio per nulla equo e il più delle volte a discapito delle realtà più piccole. In genere è così, in qualche caso no. Fatto sta che, se parliamo di business, possiamo quasi essere certi che internet non sia per tutti. E non solo per i motivi espressi appena sopra, ma anche perché si tratta di un mezzo che comunque richiede una certa competenza.

Competenza per accedervi, per il suo utilizzo, ma soprattutto per un suo utilizzo proficuo. E quando dico proficuo intendo "utile" al tuo business. Ti è mai capitato di visitare qualche sito e rimanere sconcertato dalla bruttezza dei contenuti o semplicemente dalla povertà della grafica? Hai mai storto il naso visualizzando una promozione su facebook di qualcosa che sai palesemente in cuor tuo essere una fesseria? Ti è mai capitato di lamentarti sui social di questa o quell'altra situazione e notare che la maggior parte delle persone siano inclini a demolire il prossimo piuttosto che a risolvere un problema o ad essere indulgenti? Se tutto ciò da qualche anno a questa parte rientra tra le tue competenze, ed è il tuo pane quotidiano, credo che a questo punto potresti essere d'accordo con me: internet non è per tutti, è qualcosa che richiede competenza, a volte specifica, e utilizza dinamiche e infrastrutture che spesso ci vengono messe a disposizione e che sono all'esterno del nostro business e non di nostra proprietà. In quanto tale, questa situazione espone tutto il nostro lavoro ad una precarietà che non sentiamo tale fino a quando non accade qualcosa di grave e che ci porta a riflettere sulle dinamiche della rete.

Personalmente mi piace pensare ad internet come ad una lunga cometa. La testa della cometa è la parte più luminosa ed è formata da quelle aziende e multinazionali che dettano le regole, sono i brand universalmente riconosciuti come leader nei loro settori, quelli che permettono spesso ad altri di potersi confrontare, ad un livello più basso, con il resto del mondo. Nella loro scia, sulla coda della cometa, ci sono tutte quelle realtà che lavorano in rete e che da sole non potrebbero farlo, ma agganciate alle prime e in relazione magari con altre del loro settore, riescono a sfruttare la scia luminosa delle prime e a trarre qualche vantaggio per il proprio business. E questa coda è lunghissima, sempre meno luminosa ai margini e spesso perde qualche pezzo.

Sono le aziende, piccole o grandi che siano, che non riescono a confrontarsi con un mercato sempre più digitale, sono quelle che ci hanno provato o ci provano ma senza ottenere risultati apprezzabili. E sono la stragrande maggioranza. Che non sopravvivono grazie alla rete, ma che, grazie ad un modello di business ancora tradizionale, riescono comunque a testare qualcosa di nuovo ma per loro non ancora fondamentale.

Se non sei un dipendente o un dirigente di una delle aziende alle quali tutti pensano parlando della rete, e che ho nominato sopra, significa che il tuo brand, prodotto o servizio, sta nella scia, sulla coda della cometa. Puoi lavorare per agganciarti sempre di più, e più saldamente, alla testa, ma devi comunque fare in primis attenzione a non uscire dalla luce che si sprigiona da quelli che stanno davanti a te. Ed è un lavoro duro, a volte estenuante. Perchè le regole non le fai tu, le fanno altri. Così come di altri sono gli strumenti che probabilmente usi per raggiungere i tuoi obbiettivi. Una "Mission Impossible" si potrebbe dire parafrasando un famoso film. In realtà preferisco pensarla come un'occasione da tentare. Ma, per quanto mi riguarda, avendo ben presente che la "rete non è per tutti."

BIG DATA, MA FINO A QUANDO?

I tempi che stiamo vivendo, lo sappiamo tutti ormai da qualche anno a questa parte, verranno ricordati come il periodo nel quale tutti noi abbiamo ricevuto la più massiccia offensiva da parte di qualsiasi multinazionale per catalogare le nostre informazioni e i nostri dati affinchè si possa essere tutti profilati ed inquadrati in un meccanismo utile a farci comprare qualcosa di cui spesso non avremmo altrimenti necessità, per creare quella domanda che più risponde ai nostri desideri, o che possa metterci in condizione di scegliere tra un oggetto e/o un determinato servizio.

Non è una pratica che nasce oggi o con internet. Se ci pensi è sempre esistita. Quando nasciamo, in ospedale, ci viene messo un braccialetto al polso con il nostro nome, all'anagrafe i nostri genitori dichiarano che faremo parte della loro famiglia e il giorno in cui siamo venuti al mondo. Tutta una serie di dati viene raccolta e comunicata volontariamente per riuscire a definire determinate pratiche sociali, ma soprattutto per avere traccia della nostra esistenza come esseri umani.

Siamo di fatto abituati ad essere analizzati, schedati, spiati e manipolati in qualche modo da una vita. Lo sappiamo bene. E spesso scegliamo noi di acconsentire a questo tipo di trattamento. Perchè senza di esso non potremmo avere dei vantaggi, perchè senza alcuni dei nostri dati e delle nostre informazioni determinate situazioni non potrebbero verificarsi. E' la nostra intera vita sociale che ha bisogno delle nostre informazioni per funzionare così come la conosciamo. Non ci stupiamo certo se il nostro medico di famiglia conosce, e può andare a verificare, quali medicine abbiamo preso negli ultimi anni o se da adolescenti risultasse che ci siamo rotti un braccio e abbiamo dovuto fare una serie di lastre in un centro specializzato. E' una specie di memoria che viene in aiuto quando serve. Da un certo punto in poi si chiamano dati sensibili, cioé identificano, con buona approssimazione o esattamente, le nostre tendenze sessuali, i nostri gusti, le nostre convinzioni, le nostre abitudini. E per questo sono in grado di essere si utili al sistema, ma anche potenzialmente pericolosi per la nostra persona se tutte queste informazioni venissero manipolate e/o utilizzate con pochi scrupoli. Ed è ahimé, una cosa che avviene tutti i santi giorni.

Ma allora la rete cosa ha aggiunto a tutto questo? Se passiamo la vita ad essere catalogati, a fornire informazioni per ottenere servizi o stipulare accordi e quindi a scambiare le nostre informazioni con quelle degli altri, perchè dovremmo preoccuparci o semplicemente avere maggior cura di ciò che facciamo sapere di noi all'esterno? Forse perchè questi dati, e queste informazioni, stanno trasformandosi troppo in un affare che rischia di rendere tutto noiosamente prevedibile. E, neanche a farlo apposta, ancora una volta non siamo noi a condurre il gioco. E lo possiamo verificare in qualsiasi circostanza nella quale i nostri dati siano necessari. Online ce li chiedono ovunque, che sia un'email, un nome e cognome o un'anagrafica completa, siamo passati da un'internet vetrina passiva con una serie di player che proponevano dei contenuti per la massa ad una serie di importanti players, intendo di dimensioni, che oggi, vogliono giocare con noi e che non si accontentano più di mostrarci qualcosa, ma vogliono sapere prima cosa ci piacerebbe vedere, cosa ci piacerebbe ascoltare, cosa vorremmo leggere e dove vorremmo trovarci e con chi. Il tutto per poterci presentare i loro prodotti o servizi, per riuscire a fidelizzarci all'interno di un recinto che, insieme a noi, include altre milioni di persone nel mondo.

La "profilazione" è diventata il nuovo gioco. Quello più divertente. Quello a cui tutte le grandi aziende aspirano, mirano e utilizzano per avere maggior potere contrattuale in rete ma non solo. Li chiamano "Big Data". Perchè effettivamente grandi lo sono. Un'enorme mole di informazioni che ci riguardano e delle quali spesso non conosciamo neanche l'esistenza o veniamo a conoscerla quando meno ce lo aspettiamo. Spesso ne rimaniamo sorpresi e non potrebbe essere altrimenti.

Questo tipo di dati è quasi impossibile da seguire. Non fosse altro che per molta della nostra vita sociale queste informazioni sono essenziali, prova a pensare semplicemente al tuo contratto telefonico e ai dati che ti vengono richiesti di default. Sono impossibili da seguire perchè le informazioni, non sono tutte uguali. Ci sono quelle immagazzinate nei databases, pensiamo ad esempio al fornitore di energia elettrica che ha sott'occhio tutte le utenze, i loro domicili e i loro consumi in un determinato lasso di tempo. Sono dati strutturati. Quelli che, apparentemente ci preoccupano di meno. Quelli che comunque consideriamo essenziali ad una vita normale. E poi ci sono quelli che strutturati non lo sono (e che poi lo diventeranno) ma riguardano le informazioni che noi lasciamo in giro con le nostre emails, le immagini che scattiamo con il nostro cellulare, i dati che si possono ricavare dal gps del nostro telefonino, quelli che riguardano il nostro utilizzo della rete attraverso per esempio i cookies e le nostre abitudini di navigazione, oppure tutte quelle informazioni che scaturiscono anche semplicemente dall'utilizzo che facciamo quotidianamente dei vari social. E' una mole di informazioni immensa.

E che non ha senso lasciare che si perda.

Ed è qualcosa che le grosse aziende hanno capito perfettamente. Per farci avvicinare a loro costruiscono cyber mondi all'interno dei quali cercano in ogni modo di soddisfare le nostre richieste con servizi che fino al giorno prima non avremmo mai pensato di utilizzare. Ci abituano a pascolare allegramente all'interno delle loro opere dietro un finto senso di libertà che di fatto ci rende prigionieri di strutture complesse costruite appositamente per contenere, non noi, ma le nostre abitudini, i nostri dati, le nostre preferenze. Prova solo a pensare al lavoro svolto da Google e da Facebook. Due colossi della rete che negli anni hanno dovuto imporsi facendo credere le migliori intenzioni.

Se segui Mark Zuckerberg ti sarà capitato di sentirlo parlare, di assistere magari online ad una sua conferenza o ad una sua presentazione di una nuova feature della sua creatura "Facebook". Facci caso, perchè Mark ti dirà sempre che il suo pensiero primario è quello di aver creato Facebook per unire le persone, quelle distanti, quelle che non si vedono da tempo, quelle che si potrebbero "ritrovare". E' quello il primo messaggio che deve passare. Facebook uguale strumento utile a trovare le nostre vecchie conoscenze e/o amicizie. Ma domandati se fino al giorno prima che nascesse Facebook tu ti sia mai preoccupato di cercare qualcuno che non vedessi da tempo. Forse, come capita ai più, ogni tanto ti viene in mente un compagno di classe delle superiori con il quale ti sei divertito a scuola e ti farebbe piacere sapere che fine abbia fatto. Poco dopo, con un sorriso appena accennato che ricorda i vecchi tempi, l'hai già dimenticato e passi oltre. La tua nostalgia termina lì.

Da quando c'è Facebook i tuoi momenti di nostaglia potrebbero essersi moltiplicati a dismisura. E si perchè se prima il tuo giro dei ricordi si fermava a ravanare nella tua memoria alla ricerca di qualche episodio, ora puoi soddisfare la tua curiosità tentando di risalire magari al profilo di quel tuo amico d'infanzia che non vedi da tempo. Solo per vedere che faccia abbia, o chi sia diventato. Quello che ti spinge e fa girare la ruota è il voyeurismo. Facebook fa leva innanzi tutto sul nostro senso di curiosità e vanità. E rende questi bisogni semplici da soddisfare. E cerca di farlo per tutti, cosicchè tu possa trovare persone che si comportano come te, cioè piene di curiosità e vanitose quanto te, che piano piano rinuncino alla loro privacy per darla in pasto alla comunità. Una comunità che non conoscono nella maggioranza dei casi ma che, comportandosi tutta alla stesso modo, li fa sentire al sicuro.

E' una cosa che succede ogni giorno e per milioni di persone e migliaia di aziende nel mondo. Il recinto di Facebook ha dapprima convinto l'utenza che il suo uso fosse buono e giusto, poi lo ha reso appetibile e alla portata di tutti, poi ha fatto in modo che le persone si affezionassero a quell'ambiente arrivando di fatto a difenderlo come se fosse roba loro.

Ma non lo è.

Facebook è un'azienda. Guadagna da ciò che riesce a ricavare dal comportamento, pilotato, dei suoi utenti. Questo comportamento viene standardizzato e studiato per creare dei profili di massa che a loro volta corrispondono a delle abitudini standard e ad alcuni modi di agire ormai definiti da tempo. Queste informazioni, insieme ad altre e a tutto ciò che noi decidiamo di postare sul famoso social, fa di noi una figura della quale si conosce molto di più di quello che possiamo immaginare. E questa conoscenza non ci viene rivelata. Non viene resa palese per far si che noi eventualmente possiamo "crescere" consapevolmente. Ma viene gestita e data in pasto alle aziende che usano il social per andare incontro ai loro potenziali clienti.

Ancora una volta, Facebook non è altro che il campo da calcio all'interno del quale, utenti e aziende, giocano la loro partita. Il problema è che il social, oltre ad essere il campo, è sia arbitro che raccattapalle che guardalinee. E, di tanto in tanto, si sostituisce alla Fifa (metaforicamente) per cambiare le regole del gioco. Regole che accetteremo passivamente perchè riteniamo conveniente agire in quel modo.

Il compromesso che Facebook ci obbliga di fatto ad accettare è giustificato dall'alto numero di persone che popolano la comunità, di fronte alla quale, nessuno potrebbe rimanere indifferente, tantomeno le aziende che si trovano a dover competere con una digitalizzazione sempre crescente.

Lo stesso, pensaci, avviene per Google. Partito come motore di ricerca, oggi offre servizi di vario tipo che negli anni ti ha fatto credere indispensabili e che su di te, probabilmente, hanno avuto lo stesso effetto dell'ancora gettata da Facebook quando magnificava la possibilità di poter ritrovare vecchi compagni di scuola online. Anche Google, come Facebook, ha creato una sua comunità di sostenitori, cioè di persone che farebbero il diavolo a quattro se gli venisse tolto uno dei suoi servizi, così senza preavviso. Pensate solo alle emails. Prima di Google la gente aveva comunque un'email. Non esistevano le web mails e le persone che usavano internet tutti i giorni spesso avevano a che fare con una quantità tale di spam e posta indesiderata da rendere utile l'utilizzo prima di filtri appositi in grado di decifrare i contenuti e poi quasi indispensabile l'affidarsi a servizi esterni che potessero fare questo lavoro in automatico. E' così che sono nate le web mails. Non scarichi niente sul tuo pc, sarai più al sicuro, non ci sarà possibilità di prendere virus e ti aiuteremo a scremare la quantità di posta indesiderata che riceverai. E' un'ancora molto forte, una leva piuttosto suggestiva ed, effettivamente, è un processo che ha permesso a milioni di persone di gestire la propria posta su internet in modo quantomeno più agevole ed organizzato.

Ma se ti chiedessi se prima dell'avvento di Google avessi mai usato un calendario per ricordarti qualcosa? Probabilmente la risposta sarebbe no nella maggioranza dei casi. Oggi Google ti viene in aiuto segnalandoti le scadenze e sincronizzando i tuoi appuntamenti su più devices. Quindi crea prima un bisogno, che fino al giorno prima non lo era, e subito dopo cerca di rendertelo indispensabile, utile e facile da usare. E' la ricetta per il successo. Ma niente di tutto quello che hai letto nelle righe precedenti è roba tua. Resta

23

tutta roba a cui Google può accedere in qualunque momento. I tuoi messaggi, i tuoi calendari, i tuoi files salvati su drive e le tue connessioni diventano di qualcun altro così come pensi che siano cose tue, private. Intorno a te non c'è più il recinto di Facebook, ma c'è quello di Google, pieno dei suoi servizi. E anche in questo caso quello che ti viene offerto, seppur gratuitamente, potrebbe un giorno non esistere più e fin che esiste serve per raccogliere tutte le informazioni che ti riguardano e che possano essere utili agli inserzionisti della rete. Tutto viene visto in un'ottica aziendale. Non nella "tua" ottica. Non per soddisfare un tuo bisogno. Anche se inizialmente ti viene fatto credere questo, l'intento è ben altro.

Il vero problema è che oggi, incuranti di tuttò ciò, e spesso consapevoli di questo, lasciamo che poche grosse aziende ci trattino come dei prodotti. Dei "loro" prodotti. Sui quali l'azienda ha diritto di sapere tutto, conosce tutto e riesce persino a prevedere quanto e come dureremo come tali. E' come mettere un topolino in un labirinto. Ce l'abbiamo messo noi, sappiamo dopo un po' quanto ci metterà ad uscire, se vogliamo non lo faremo più uscire o potremmo decidere di farlo rientrare mettendo al centro del labirinto un pezzetto di formaggio. Di ogni situazione noi conosciamo l'epilogo, possiamo osservarlo, possiamo manipolarlo e/o possiamo gestirlo affinchè il comportamento del topolino assomigli sempre più ad un metodo che abbiamo in testa. Per esempio potremmo insegnare al roditore ad uscire dal labirinto e a rientrarci una volta sentito il profumo del formaggio che avremo messo al centro dello stesso. La nostra cavia avrà la sensazione di essere uscita dal labirinto grazie alle sue capacità, e sempre grazie alle sue capacità, in questo caso il suo olfatto, penserà di esserci rientrata per dirigersi verso la ricompensa. Noi, in quanto "signori" del suo microcosmo potremmo aver bisogno di calcolare quanto tempo ci metta il topolino ad uscire, o quanto a rientrare, o quanto a raggiungere il formaggio. Potremmo verificare quali siano i suoi percorsi preferiti nel labirinto e magari, con uno stratagemma, farglieli cambiare, oppure semplicemente potremmo stupirlo una volta rientrato chiudendo il labirinto. Semplicemente per osservare la sua reazione dalla quale trarremmo ulteriori informazioni utili.

Certo pensare a noi internauti come a tanti topolini ingabbiati in macrocosmi gestiti da importanti aziende del settore non è proprio quello che uno si aspetta di essere, ma direi che la somiglianza con l'esempio che ho appena fatto e ciò che noi concepiamo come utilizzo della rete, soprattutto se riferito a determinate situazioni, non si discosti tanto dalla realtà. E come nella realtà che ci riguarda da vicino, neanche il topolino si ribellerà mai al labirinto. Finchè ci metteremo il formaggio continuerà a voler rientrare, una volta uscito, per tornare a prenderlo. E, senza che noi lo possiamo vedere sotto i suoi baffetti, ci scommetto che avrà un senso di soddisfazione e appagamento, lo stesso che ritroviamo quando ci abbandoniamo al voyeurismo e alla vanità che mostriamo su Facebook, lo stesso quando siamo orgogliosi dell'ordine delle nostre emails all'interno di Google. Il premio cambia, ma la sostanza che sta dietro all'operazione rimane sempre la stessa. E sempre ci verrà proposta come un grande vantaggio rispetto a prima, un vantaggio del quale non riusciremo più fare a meno.

CHE SUCCEDEREBBE SE CAMBIASSIMO LE REGOLE?

Sarà successo anche a te di trovarti una pubblicità estremamente mirata dopo aver visitato un sito ed essere saltato in un altro. Ti sei stupito, hai cercato di capire come possa essere possibile che una pubblicità così mirata rispetto a quello che magari avevi cercato poco prima altrove, ti potesse seguire. Ormai è di dominio pubblico l'utilizzo dei cookies, piccoli file di testo che servono per riconoscere la tua macchina che una volta lasciato un sito ci ritorna. Così al tempo stesso il sito profila le tue informazioni, le tue ricerche, le tue abitudini di navigazione e al momento più opportuno, anche se sei in un altro luogo, ti "ricorda" qualcosa che magari avevi cercato poco prima, identificandolo con un'informazione che ti possa interessare. I nostri dati vengono quindi monitorati per tutto il tempo, il nostro girovagare per la rete lascia tracce che non vediamo ma che i players più importanti possono vedere ed usare al momento opportuno mostrandoci quello che più ci piace, o quello che fino a qualche ora prima, ci piaceva.

Quando siamo online è come se una persona ci seguisse per tutto il giorno e prendesse nota di tutto ciò che facciamo. Qualsiasi cosa. Saprebbe a fine giornata un sacco di informazioni sul nostro conto, probabilmente quello che abbiamo fatto, come lo abbiamo fatto, per quanto tempo, se ci è piaciuto o meno, se l'abbiamo rifatto e potrebbe ipotizzare se rifaremo a breve una certa azione in base magari alla soddisfazione dopo averla fatta la prima volta. Ora, una situazione del genere ci mette praticamente in gabbia. Ed è una situazione ideale per le aziende che lavorano con internet. Sapere cosa ci

27

piace, quanto e per quanto tempo o quanto intensamente, sono informazioni preziose. Conoscendole un'azienda può proporci qualcosa nel momento più opportuno, un prodotto o un servizio che sia. Questo non le da la certezza che risponderemo affermativamente al suo invito, ma ci troverà decisamente bendisposti a prendere in considerazione la sua proposta. E avrà raggiunto il suo scopo, che spesso non si concretizza nell'acquistare fisicamente qualcosa, ma anche solamente nel farti presente che quel "marchio" o quell'azienda sono sempre lì se li vorrai. Si cerca cioè di rafforzare l'immagine di un brand e il suo ricordo con la ripetizione, una caratteristica fondamentale che chi ha studiato pubblicità o comunicazione conosce benissimo.

Ora, non volendogliela dar vinta alle aziende e al sistema (internet) che uso praticamente tutti i giorni, mi sono domandato cosa si potrebbe fare per far sì che l'utente possa essere "quasi" libero da un controllo che per certi versi è inevitabile. Ho riflettuto sui dati che vengono raccolti, su come vengono usati i social da parte delle persone, sulle informazioni che vengono diffuse ai quattro venti senza nessun tipo di preoccupazione e sulla mole di dati ai quali si potrebbe risalire semplicemente guardando un profilo qualunque per esempio su Facebook. Fermo restando che non mi sto riferendo a soluzioni tampone quale il cancellare dal proprio browser web i cookies, la cronologia o avviare una navigazione "in incognito" ad hoc, mi sono domandato cosa succederebbe se tutti questi dati che venissero raccolti risultassero fasulli o poco attendibili.

Per spiegarmi meglio ti faccio un semplice esempio. Quanti di noi abbiamo magari utilizzato un'email usa e getta per registrarci ad un servizio in un sito senza dare le nostre reali generalità? Pur inventando un nome e un cognome fittizi in breve tempo abbiamo comunque raggiunto lo scopo, avere una nuova email, ma senza diffondere volutamente dati personali. E se questa politica gli utenti si divertissero ad applicarla alle loro navigazioni? Quindi la domanda che spesso mi torna in mente quando penso ai Big Data e a tutte le informazioni che si trovano in rete rispetto ad una persona e alla sua ipotetica "profilazione" è:

quante di queste informazioni sono veritiere e quindi utili alle aziende e ai grossi colossi informatici? E sui grandi numeri, che percentuale di questi dati risultano essere di poco conto perché fuorvianti o sballati rispetto ad un certo target?

E' il concetto della bufala in rete. Possiamo ragionevolmente affermare che in internet esistono un tot di notizie vere e un tot di notizie palesemente false, o che sembrano vere, ma in realtà non sono attendibili. Quali sono le loro percentuali? E come può essere possibile verificare che il dato raccolto abbia un reale valore commerciale?

E se esiste un bacino di dati falsi, possono essere anche loro utili alle aziende che si occupano di marketing, promozione e/o comunicazione?

Ti faccio un altro esempio, la tua azienda vuole comprare da una società un pacchetto di indirizzi email. Un grosso pacchetto di indirizzi per la sua campagna marketing online. Diciamo che acquisti 3 milioni di indirizzi. La domanda è: siamo sicuri che siano tutti veritieri e funzionanti? Siamo sicuri che dietro a quegli indirizzi ci siano persone che regolarmente rispondono? Capirai anche tu che il pericolo di trovarsi una certa percentuale di indirizzi fasulli, non utili o addirittura dietro i quali non ci sia nessuno a rispondere potrebbe essere molto alto.

Quindi sarai d'accordo come me nel dire che ci ritroviamo un pacchetto di indirizzi email validi sono per una certa percentuale. Ipotizziamo che solo il 70% di questi fossero reali e avessero a monte una persona che in carne ed ossa ... il rimanente 30% sarebbe materiale inutilizzabile o comunque qualcosa che non potrebbe portare niente di buono. Risultati che, "a monte", verrebbero falsati dal fatto che il nostro acquisto, fin dall'inizio fosse, diciamo così, "corrotto".

Una volta terminata una qualsivoglia verifica si scoprirà che solo una certa percentuale di contatti sarà valida e il resto non servirà quindi a niente.

Ma se per un attimo dimentichiamo gli indirizzi email e parliamo di notizie o abitudini di navigazione o bufale, come potremmo essere certi che i guru della rete stiano usando informazioni attendibili e profilando utenti reali invece che fake? E quale sarebbe questa percentuale di "corruzione" dei dati che potrebbe, in alcuni casi, rischiare di rendere vani gli investimenti di molte aziende? O esiste un mercato altrettanto fruttifero che si nutre di questi dati "fasulli", "incompleti" o "corrotti"?

E' una domanda che mi sono sempre fatto. E la domanda nasce spontanea osservando in primis la mia di navigazione, le mie abitudini, le notizie lette, cercate, i video guardati o i post di facebook. Tutto insomma. Io in primis ho cercato di "profilarmi". Si, hai letto bene, ho provato a mettere insieme un tot di caratteristiche che potessero definire, in base all'utilizzo, cosa mi interessasse, come mi muovessi in rete, i contatti, i siti visitati etc... insomma ho provato, seppur con pochi mezzi e senza pretendere di scoprire chissà che, a mettermi dall'altra parte.

Come se fossi uno di quei colossi che tengono in piedi la rete, come fossi uno dei più importanti social o un player primario della rete, di quelli che hanno il potere, in breve tempo, di influenzarla e di determinare, di conseguenza, il nostro comportamento online.

E ho scoperto una cosa che invece che chiarirmi le idee, me le ha confuse ancora di più. Ho navigato tranquillamente come ogni giorno, guardato giornali online, video, social, interagito e mandato email etc... e poi ho cercato, andando a ritroso, di definire i miei interessi e cosa avesse attirato la mia attenzione in un determinato lasso di tempo. Ho provato quindi a tenere una specie di diario di navigazione che andasse un po' più in profondità di una semplice cronologia, cercando di ricordare, o prendendo nota per esempio quanto tempo fossi rimasto a leggere una determinata notizia, se ne avessi cercate di simili per approfondire, se avessi semplicemente dato un'occhiata e poi fossi passato oltre. Il risultato credo si possa definire interessante. Una volta ricomposto questi dati mi sono accorto di una cosa. Che il mio "profilo" avrebbe potuto benissimo essere quello di qualcun altro. La navigazione, distribuita nell'arco di qualche giorno, aveva evidenziato una certa tendenza a controllare determinati siti alla ricerca di determinate notizie, quindi l'utilizzo di una serie di punti fermi, chiamiamoli cosi, attraverso i quali ero comunque passato a prescindere.

Una serie di gesti quindi, che si sarebbero ripetuti nel tempo.

Un tempo però che veniva dedicato loro in misura sempre differente e spesso fermando l'attenzione su notizie completamente diverse le une dalle altre. Da questa prima semplice profilazione amatoriale potevano comunque emergere una serie di tratti distintivi che avrebbero potuto sostenere quali fossero i miei interessi ma molto vagamente. Il perché era presto detto. Pur mantenendo una serie di comportamenti simili nell'arco del test nei diversi giorni, quello che in realtà veniva guardato, in modo più o meno approfondito, era sempre diverso. Il contesto era diverso, l'intensità e la concentrazione destinata era differente e persino il tempo variava alle volte anche notevolmente. Eppure, analizzando i dati che avevo raccolto, avrei potuto scommettere che si stesse parlando di una persona attenta all'attualità, interessata all'informatica e poco avvezza a diffondere qualcosa di personale attraverso l'utilizzo dei social. Ovviamente l'interesse per l'informatica la si poteva evidenziare dal fatto di aver navigato su alcuni siti di settore e letto ripetutamente articoli e forum dedicati alle nuove tecnologie.

Ma nonostante ciò non ero riuscito a convincere me stesso di aver intuito quali fossero i miei "reali" interessi. Un giorno in un forum di discussione avevo cercato informazioni riguardo l'ottimizzazione di Windows 10, poi nello stesso pomeriggio avrei cercato informazioni su un nuovo portatile della Dell, per finire con il passare dal sito della Apple per ammirare i loro ultimi MacBook Pro.

Ma questi comportamenti avrebbero potuto realisticamente affermare che io stessi usando un sistema operativo Windows 10 o avessi in casa un portatile Dell o fossi indeciso se comprarmi il nuovo MacBook Pro?

La risposta fu no.

Nessuno di questi atteggiamenti online avrebbe carpito o comunicato a terzi se io fossi stato veramente interessato ad una cosa o ad un'altra. Mentre sarebbe stato più facile affermare che alla tastiera stesse navigando un appassionato di tecnologia in senso lato. Quello probabilmente si.

Ora ti voglio fare un esempio che chiarisca, penso ancor meglio, quali possano essere le mie perplessità e quello che chiameremo "il rumore di fondo" della profilazione. Prova a pensare di doverti occupare con il tuo pc di una ricerca di tuo figlio per qualche giorno. Una ricerca per la scuola che abbia come argomento i pittori contemporanei. Hai a disposizione due o tre giorni per trovare le informazioni e passi molte delle prossime ore a cercare qualcosa che possa essere attinente all'argomento.

E' molto probabile che possa iniziare la tua ricerca attraverso Google in modo generico, per poi finire sempre più nello specifico di qualche pittore dei nostri giorni e delle sue opere, magari ti imbatterai in quadri messi all'asta o in siti archeologici sparsi per l'Italia che "ospitano" questa o quella mostra. Insomma ti fai una cultura per due giorni su quello che sono i principali protagonisti dell'arte contemporanea o ti imbatterai in qualcuno che "lavora" con alcuni capolavori, che siano essi venditori o restauratori.

Una bella full immersion che ti identificherà, e quindi ti profilerà in quei giorni, come un amante della storia dell'arte con una specifica predilezione per l'arte contemporanea. Se poi avrai indugiato più a lungo su qualche sito riguardante la regione Basilicata è facile che nelle ore successive tu ti sia imbattuto in suggerimenti commerciali di grossi player del commercio elettronico legati ai viaggi e all'ospitalità turistica di quella regione.

Tutto secondo copione insomma.

Peccato che a te dell'arte, ed in particolar modo dei suoi esponenti moderni, non te ne freghi assolutamente nulla ma stavi semplicemente dando una mano, con il tuo pc di casa, alla ricerca di tuo figlio. Così come potrebbe non interessarti affatto viaggiare, ne tanto meno recarti in vacanza, soprattutto se culturale, in Basilicata. Ora, se proviamo a ragionarci sopra, abbiamo una profilazione assolutamente compatibile con chi si è messo davanti al monitor, ma totalmente fuorviante e fasulla riguardo i reali interessi della persona che ha navigato per due giorni.

La domanda quindi sorge spontanea. Questo "rumore di fondo" della profilazione, cioè tutto ciò che c'è di raccolto e poco attinente alla realtà, in che modo viene usato dalle grosse aziende del web e, sapendo che, nel nostro caso, si stiano elaborando dati non pertinenti, in che proporzione questi ultimi possono inficiare gli sforzi di chi investe in pubblicità e guarda ai big data o comunque ai dati raccolti, con fiducia assoluta?

Se per Google io sono interessato alla scuola secondaria perché per giorni cerco un istituto che possa essere utile a mio figlio negli anni a venire, fino a che punto ha senso venire a propormi materiale scolastico di ogni tipo e/o corsi online di qualunque settore nelle pubblicità?

Il mio comportamento, soprattutto se voluto, genera un gap piuttosto rilevante nelle informazioni raccolte che quindi, molto spesso, non vanno ad essere applicate al singolo individuo ma bensì si accontentano di sparare nel mucchio, cioè di profilare con approssimazione "parte" degli interessi dell'utente. E, la maggior parte delle volte, registrarne i cambiamenti improvvisi.

Sono quindi convinto che si vengano a creare delle "sacche" di interesse dove il nostro singolo profilo vada a finire senza avere la presunzione di averci identificato ma concorrendo a determinare un bacino d'utenza più o meno interessato ad un determinato argomento, prodotto o servizio. Pescare in un insieme di profili di questo genere è sicuramente più utile che pescare in un mare "senza" profilazione.

Non garantisce il risultato, ne che la tua promozione arriverà alla persona giusta, ma è un fattore importante di "restringimento" del campo d'azione, che mira a rendere più efficaci le comunicazioni dei grossi investitori del web.

Resta il fatto che, così come il web rappresenta solo una piccola parte delle comunicazioni in rete, affiancata dai ben più estesi "deep" e "dark" web, anche ciò che viene profilato racchiude in se una serie infinita, e vasta quanto il resto dei risultati, di "rumore" generico e poco attendibile, proprio perché si basa su un utilizzo della rete totalmente fuori dagli schemi e spesso senza un vero ordine comportamentale.

Distinguere tra dati affidabili o meno è compito delle grosse compagnie che tendono a lavorare con le nostre informazioni ma è anche un serio problema che può valere parecchi milioni di dollari in ricerche e approfondimenti per riuscire a setacciare questi input il più possibile al fine di selezionare le informazioni più "spendibili" per il proprio business. Un'operazione che, su larga scala, ha la stessa identica importanza di quando in realtà ci si trovi di fronte a dati veritieri e pertinenti con il nostro target di riferimento. Perché in sostanza, che le informazioni sia vere o fasulle, definite o abbozzate, siamo di fronte a due facce della stessa medaglia, e molto probabilmente ci sono soggetti in rete che guadagnano sia dalle une che dalle altre.

A noi non resta altro che tentare di "nascondere", per quanto possibile, ciò che vogliamo difendere. O che vogliamo difendere oggi. Perché domani le nostre priorità, o la nostra tolleranza a scendere a compromessi, potrebbe cambiare.

33

LA MUSICA IN RETE STA PER CAMBIARE.

Lo so, stai pensando che io sia pazzo. E probabilmente hai ragione. Ma vorrei spiegarti per benino cosa intendo quando penso che la musica in rete stia per cambiare radicalmente. Partendo magari da qualche anno fa, quando ancora sia la musica che i film venivano acquistati nei negozi fisici o andando al cinema. La svolta penso sia stata la nascita della tecnologia P2P (Peer to Peer) che, attraverso alcuni formati di compressione (vedi mp3) ha trasformato quello che noi consideravamo un flusso di suoni ed immagini in una serie di bit veicolabili su molteplici piattaforme.

Inizialmente il fenomeno è esploso come rivolta di massa contro lo strapotere delle case di produzione, discografiche e non, le quali, una volta pubblicato un disco, avrebbero tranquillamente incassato un prezzo pieno, nonostante del prodotto ci fosse stata solamente una canzone di nostro gradimento. O questo è quello che, circa vent'anni fa, ci veniva detto per convincerci a far parte del movimento degli scariconi, cioè di quegli individui che, tramite un computer, e una connessione, avevano iniziato a mettere a disposizione delle masse interi cataloghi discografici di pressoché qualunque artista. Una pratica che ha visto la sua massima espressione con la nascita di Napster, un programma di file sharing creato da Shawn Fanning e Sean Parker e attivo a cavallo dei primi anni 2000. Da una ventina d'anni a questa parte quindi, il termine "file sharing" è diventato di uso comune. Attività nata per scambiarsi file di qualunque tipo, in breve tempo aveva avuto la sua massima espressione in una violazione del copyright generalizzata mettendo in piazza, e gratuitamente, il lavoro di migliaia di artisti di tutto il mondo.

Detta così sembra una cosa deplorevole. E sono sicuro che lo sia e lo sia stata, sopratutto in passato. E' pur vero però che, senza quelle intuizioni e senza una ricerca spasmodica di nuovi e sempre migliori formati di compressione audio-video, non si sarebbe arrivati a quella che oggi consideriamo l'industria dell'entertainment. Fermo restando che, quantomeno per una pura causa strettamente anagrafica, io sia un estimatore dei dischi di una volta, vinili e cd, mi sono sempre sforzato di capire uno dei fenomeni più imponenti, e per certi versi sottovalutato, degli ultimi quindici anni, quello che ci ha portato dall'acquistare i nostri dischi nei negozi a scaricare le nostre playlist da Itunes e via dicendo.

Credo che chiunque si sarà accorto quanto sia stata dolorosa questa transizione. Sia per la produzione (le case discografiche e cinematografiche), sia per gli artisti, di ogni livello, ma in particolar modo per quelli già famosi al tempo di questo cambiamento così radicale. Piano piano si è passati dal distribuire la musica su un supporto fisico ben definito ed accettato come standard fin dai primi anni ottanta, a rendere disponibile il proprio prodotto in modo meno costoso, in modo più capillare e con un'immediatezza mai provata prima. Con l'avvento della rete, il file sharing e i formati di compressione, una canzone poteva viaggiare in internet in pochi secondi e venire ascoltata da un pubblico potenziale immenso rispetto a quello che avrebbe comprato il cd fisicamente. Un enorme vantaggio in termini di diffusione e conoscenza, un'opportunità unica per i giovani artisti sempre bramosi di nuove occasioni di visibilità. Ma anche un danno enorme per chi, con i dischi e sui dischi, fino al giorno prima, ci aveva lavorato. Nasceva e proliferava un mercato illegale di distribuzione non autorizzata che in molte occasioni ha messo in ginocchio le case discografiche meno preparate e bruciato artisti che in men che non si dica si sono trovati il loro lavoro di anni spiattellato su ogni piattaforma possibile ed immaginabile.

Tutti avrebbero potuto ascoltare e tutti abbiamo ascoltato. E in pochi hanno pagato per avere questo diritto. I difensori del "tutto libero e gratis" insorgeranno a questa frase, quelli che pensano invece di aver sotto sotto approfittato della situazione fino ad oggi, allargheranno le braccia accettando e giustificando questo tipo di comportamento che ha di fatto costretto il sistema a cambiare la sua politica. Nel giro di pochi anni infatti le case discografiche e cinematografiche hanno dovuto ripensare il loro modo di distribuire i contenuti dei loro artisti. Gli stessi cantanti, quelli spesso alle prime armi e senza alcun contratto, hanno salutato con favore questa nuova era digitale che dava loro la stessa possibilità e visibilità di un artista affermato. Ma siamo sicuri che le cose stiano veramente così? Per riuscire a darmi una risposta ho cercato di analizzare il fenomeno da tutti i punta di vista possibili, da semplice utente della rete, quindi dalla parte di chi usufruisce di una certa opera, dalla parte delle case discografiche spesso travolte da questa rivoluzione e dalla parte degli artisti, di coloro che producono di fatto i contenuti, gli autori.

Per fare questo sono partito da un punto fermo se parliamo di musica. Per quanto mi riguarda una canzone è un'opera d'arte. Soprattutto le canzoni più conosciute, ma di base per il ragionamento, qualsiasi componimento. E' una cosa quindi che di per se tutelerei al cento per cento. Sia se fossi un autore, un compositore, così come da semplice appassionato di musica. Ma soprattutto per me la musica ha un "suo" valore. Che non necessariamente riusciamo a quantificare a livello di produzione in quanto magari non addetti ai lavori, ma rappresenta per noi qualcosa di speciale e ci accompagna spesso a definire particolari momenti della nostra vita. Pensiamo per esempio alle canzoni che ci hanno fatto innamorare, che ci ricordano alcuni dei più bei momenti della nostra vita etc... che valore dareste a quelle composizioni, solo per il fatto di aver segnato in modo indelebile magari la vostra adolescenza?

Secondo punto, è che il valore deve essere "condiviso". Cioè la domanda e l'offerta devono essere concordi nell'attribuire "quel" valore a quel prodotto musicale. Una prima riflessione mi porta a pensare che per anni gli artisti e le loro case discografiche hanno di fatto scelto "loro" il valore di quello che immettevano sul mercato. Il cliente, o l'utente che dir si voglia, si è sempre trovato a dover accettare "quel" valore, spesso a condividerlo se si trattasse del proprio artista preferito, molte volte a dissentire su ciò che in realtà considerasse mediocre. Con l'avvento di internet e del digitale, questo valore è come se fosse passato di mano. Chi prima stabiliva il "prezzo" (e quindi ipoteticamente un valore) del proprio lavoro, ora si trova a dover fare i conti con i "players" istituzionali della rete che impongono un nuovo modo di gestire il mercato. Sotto la spinta di una connessione che diventa sempre più mobile e la necessità sempre maggiore di avere contenuti su dispositivi differenti, siamo passati da un file-sharing incontrollato (che tutt'ora esiste ma non ha più l'attrattiva di una volta) ad incanalare la produzione disponibile, o gran parte di essa, attraverso immensi portali che, grazie alla loro importanza, sono stati in grado di modificare questo valore.

Ora la domanda sorge spontanea, sia che tu sia un artista o il rappresentante di una casa discografica o un semplice utente...

Questo nuovo valore è da considerarsi equo?

Paventando mirabolanti numeri di download legali (spesso avvenuti) i principali players della rete hanno di fatto costretto al compromesso artisti e case discografiche allettandoli entrambi con il miraggio di una maggior diffusione delle loro opere e da un "probabile" (ma non certo) maggiore bacino di utenza pagante rispetto a dieci anni prima. Tutto bellissimo e potenzialmente veritiero, soprattutto per i maggiori artisti in circolazione, ma a discapito di cosa?

Del valore dell'opera.

Quello che fino a quindici anni prima era una composizione alla quale davamo un certo valore intrinseco difficilmente definibile e che, in alcuni casi, era diventata la colonna sonora di una parte della nostra vita acquistando così un ulteriore valore aggiunto, ora si riduceva ad un file di qualche megabyte da poter scaricare da un portale che per neanche un euro ci avrebbe permesso di avere la nostra canzone sempre con noi.

Non so cosa ne possiate pensare voi a riguardo, ma secondo me quel valore non è equo, ed è sbagliato.

Sono quindi convinto che in un mondo digitale, quello che stiamo vivendo oggi, la cosa che più abbiamo perso, tutti, sia il valore della composizione, il valore dell'arte, dell'opera dell'ingegno, che va ben al di la di pochi centesimi necessari per metterci le mani sopra. E' come se avessimo svilito il prodotto. Una situazione alla quale, gioco forza, tutti devono far bel viso a cattivo gioco. Provate a chiedere ad un artista di oggi se per poter ascoltare la sua nuova canzone quindici anni or sono si sarebbe accontentato di ricevere un compenso di un euro. Probabilmente si sarebbe sentito offeso. Oggi, allettato dal fatto di poter arrivare ad un gran numero di persone contemporaneamente, (e quindi di poter eventualmente incassare un euro moltiplicato per il numero degli utenti interessati) è ben felice di entrare a far parte di questo meccanismo.

Un meccanismo che, ancora una volta, non è in mano ai più, ma ad una ristretta cerchia di operatori specializzati che veicolano i nostri gusti, condizionano i nostri acquisti e ci invitano a diventare parte del sistema se un giorno ci venisse voglia di essere "artisti". Non sono neanche più le case discografiche il vero perno dell'industria musicale. La verità è che con quell'euro con cui paghiamo una canzone non ci mangia più nessuno, ne chi produce il lavoro ne chi lo ha creato. Siamo passati da un'economia elitaria, nella quale la musica era comunque "cultura" e aveva un "valore", ad un'economia digitale, dove l'intangibile rimane intangibile e senza (o con poco) valore. Ma il prodotto è lo stesso di molti anni fa. Lo abbiamo solo "impoverito" di quel valore intrinseco che si portava dietro.

Ecco perché negli anni abbiamo più volte sentito dire che "oggi gli artisti campano con i concerti". Non perché la loro arte non sarebbe più stata in grado di dar loro da mangiare, ma semplicemente perché abbiamo tolto valore alla loro produzione spingendoli a cercare sicurezze altrove, forzandoli ad un modo più personale di proporre il loro prodotto, fuori da quello che era la tradizionale produzione. E, dopo un primo momento di smarrimento, anche gli artisti hanno iniziato a fidarsi dei numeri mirabolanti sbandierati dai principali "players" della rete, numeri che spesso non hanno mantenuto le aspettative, previsioni che a lungo andare hanno funzionato (e funzionano) solo per i grandi artisti mondiali, quelli cioè che tutt'oggi vendono ancora dischi nonostante il digitale.

Ad essere buoni potremmo dire di aver vissuto la più importante e massiccia corsa al ribasso se parliamo di musica. Oggi è vero che arriviamo dappertutto con le nostre canzoni e le possiamo ascoltare ovunque, ma a che prezzo? Il prezzo è quello di avere uno sterminato mercato di prodotti che hanno appiattito la loro qualità verso il basso per la logica che tanto sui grandi numeri qualcosa si porta a casa comunque. Esserci è più importante che avere un prodotto di valore. Comparire è più importante di saper comunicare, distribuire è più importante di vendere. Si hai letto bene, "di vendere". Quando il valore della tua produzione rimane così basso per uniformarsi al resto del mercato non è tanto importante che tu "venda" ma che tu ci sia, sul mercato. Non importa se in mezzo a milioni di altri. E non importa poi se finirai dimenticato in mezzo a milioni di artisti. E questa cosa, con l'economia digitale che viviamo oggi, viene enormemente amplificata. Si esaltano più di un tempo i numeri, le views, i downloads, le impressions, e ci si dimentica del "valore" del prodotto. Del valore della musica. Del valore della composizione come opera dell'ingegno.

Quella che molti vedono come un'opportunità, e di certo sicuramente per molti artisti lo è, io preferisco vederla come una "deriva" del panorama musicale, uno sciogliersi dell'industria dell'intrattenimento che scende a patti con la rete pur di esserci. Ed è per questo che, a fianco di mostri sacri della musica contemporanea, possiamo di tanto in tanto vedere fenomeni come "gangnam style" o simili. Perché il valore che viene dato al prodotto è vicino allo zero e tutto si uniforma arrivando a premiare molte volte il fatto di esserci e l'apparire piuttosto che il reale valore dell'opera in se.

L'altra riflessione che possiamo porci è se rimanendo al di fuori del sistema un artista possa avere, oggi, delle possibilità. E la risposta in questi anni ce l'ha data Prince. Il genio di Minneapolis per anni si è battuto affinché nessun brano della sua discografia finisse in rete, ne legalmente ne distribuito illegalmente, persino se distribuito dai fan. Sono note le sue battaglie su questo fronte, persino contro i suoi sostenitori. Prince aveva scelto di stare fuori dal gruppo, di avere "lui" il controllo della sua produzione. Certo, potrà obbiettare qualcuno, se lo poteva permettere. Vero. Ed è anche possibile che il suo seguito si fosse ridimensionato negli anni in virtù di questo comportamento, ma a lui la rete aveva dato l'opportunità di essere l'unico protagonista delle proprie creazioni, l'unico player del suo lavoro, l'unico a decidere il come, il quando e il dove. E anche il prezzo.

Ora, giusto o sbagliato che sia, immaginate oggi che i più grandi artisti seguissero la sua strada, cosa succederebbe? Avremo ancora immensi portali pieni di materiale di chiunque o ci ritroveremmo tanti competitors ognuno con il proprio gioco da giocare e con le proprie regole? Immaginate artisti del calibro di Michael Jackson, Madonna, Beyonce, Shakira, e tutti i più grandi artisti di ieri e di oggi che nel giro di breve tempo "tornano" a gestire in toto il loro lavoro sfruttando le potenzialità messe a disposizione dalla rete e senza alcun intermediario.

Pensate veramente che perderebbero ascoltatori o fan?

L'ultimo esempio in ordine di tempo mi sembra di ricordare sia arrivato da Beyoncè. Qualche tempo fa, senza alcun tipo di promozione, l'artista rilasciò il suo album omonimo (Beyoncè) riuscendo a vendere oltre un milione di copie in meno di sei giorni. Tutto grazie a ciò che internet metteva a disposizione. E sottolineerei, "mette a disposizione" di qualunque artista. Certo la qualità del prodotto era quella della bella cantante americana, ma se le regole possono così facilmente essere riscritte, almeno dai grandi nomi dell'industria musicale mondiale, quanto tempo passerà perché ci stancheremo di scaricare e/o ascoltare materiale, seppur legalmente, dai soggetti presenti oggi in rete quali Itunes, Spotify etc...

Ecco il perché del titolo provocatorio di questo capitolo. Se basta qualche nome famoso a scardinare le regole del gioco, quanto tempo passerà affinché altri artisti inizieranno a riappropriarsi del proprio lavoro dandogli il giusto valore, considerando magari quello di oggi non appropriato? E il nuovo valore sarà in linea con le aspettative di un pubblico sempre più esigente ma negli ultimi anni abituato ad avere quasi tutto e a bassissimo prezzo? Sarebbe come andare contro tendenza certo, ma se prendiamo d'esempio il caso di Prince, avere una serie di nomi molto famosi che gestiscono in proprio le loro canzoni creando nuovi metodi di fruizione dei contenuti potrebbe essere la nuova frontiera dell'intrattenimento musicale. L'esempio più evidente lo abbiamo con la joint venture di "Tidal" che mira a far concorrenza a competitors ben più famosi ma che di fatto, pur mettendo al centro del proprio cosmo gli artisti, ancora fatica a farsi largo nell'immenso mare dei contenuti di internet.

Il digitale quindi ha portato benefici all'industria musicale e dell'intrattenimento? In un certo senso si. Ha permesso a molti artisti di farsi conoscere facilmente magari avendo poche risorse a disposizione, ha sicuramente rafforzato la presenza dei mostri sacri della musica di ogni tempo e ha permesso alle canzoni di arrivare ovunque e su qualunque dispositivo. Ma si è portato dietro un appiattimento della cultura musicale e del prodotto in se difficile da recuperare, proprio perché nella filosofia del "c'è spazio per tutti", alla fine ci si trova a navigare in un mare di "mediocrità".

E allora non resta che attendere la prossima rivoluzione. Arriverà dagli artisti, dai colossi di internet o dalle case di produzione? Noi utenti

41

possiamo solo aspettare fiduciosi di riuscire sempre ad avere un prodotto di qualità. Chiunque sia il distributore, qualunque sia l'artista. Ma di una cosa sono certo, la musica come la conosciamo oggi, domani sarà un'altra cosa, così come i suoi protagonisti e le regole del gioco, un cambiamento iniziato in rete e che, non è affatto detto, proseguirà all'interno di essa.

LA PUBBLICITÀ' SUI SOCIAL NON E' PER TUTTI

Diciamocela tutta, quanti di noi hanno chiuso una pubblicità troppo invadente su Facebook mentre scrollavamo la nostra timeline? Probabilmente molti. Quanti di noi hanno letto i commenti sprezzanti e denigratori sotto l'ennesima promessa di un corso che ti facesse diventare un tecnico del suono in 5 giorni? Anche in questo caso, probabilmente tanti di noi. Quanti hanno poi guardato per un momento la fotografia in primo piano di una tal promozione, capito di cosa si trattasse, e sono passati oltre senza dedicargli un momento in più? Secondo me tutti noi, e anche molto spesso. In quanti poi hanno addirittura cliccato la freccetta in alto a destra sulla pubblicità per avvisare Facebook che la cosa non ci interessasse?

Forse questa cosa non la faranno in tanti, ma giuro che io l'ho fatta.

Eppure, stando alle ultime statistiche di organismi decisamente autorevoli, la pubblicità online sta piano piano modificando il mercato dell'advertising e i grandi competitors online si stanno spartendo quello che prima era appannaggio di radio, tv e stampa in primis. Un bel mercato non c'è che dire. Una torta che ha dapprima ingolosito i colossi come Google che attorno al loro business, e sfruttando la vastità dei dati che riescono a indicizzare, hanno offerto all'utenza business nuovi strumenti di promozione, subito dopo i colossi social, che facendo leva sulla quantità di persone radunate all'interno dei loro macro cosmi hanno pensato bene di veicolare i messaggi pubblicitari delle aziende sempre in cerca di nuovi metodi per far conoscere i loro prodotti e servizi.

La promozione e la pubblicità, si sa, sono l'anima del commercio. E i grossi players della rete questo la sanno benissimo. Ma noi? Utenti e piccole/grandi aziende che ci affacciamo da qualche anno sui social, che abbiamo da poco imparato a pubblicare contenuti interessanti e che per diversi mesi abbiamo cercato di capire come le persone si relazionassero tra loro all'interno di questi contenitori senza magari riuscirci. Quante volte abbiamo provato una profonda invidia, o ammirato fenomeni virali che giudicavamo senza alcun senso, sognando un giorno di "essere" uno di quelli per uno dei nostri prodotti e/o servizi?

Beh, dall'altra parte della barricata il discorso è un po' più complicato del previsto. Ho cercato, anche in questo caso, di mettermi nei panni dell'utenza media e al tempo stesso della piccola azienda o professionista che deve promuovere il suo prodotto o un suo servizio, e, testando di prima mano le reazioni, ma anche gli errori e i successi che ho ottenuto, sono arrivato ad alcune conclusioni che in questo libro vorrei condividere con te sperando possano aiutare qualcuno ancora prima di buttarsi a capofitto sulla nuova frontiera dell'advertising sociale.

Partiamo con il dire una cosa ben chiara. La pubblicità sui social, Facebook, Twitter, Linkedin o Instagram che dir si voglia non è essenziale.

Nel senso che chiunque potrebbe arrivare a produrre contenuti talmente interessanti da potersi mantenere un abbondante seguito senza per questo spendere un centesimo. Ho detto "potrebbe". Questi casi sono estremamente rari. Quando accadono generalmente rappresentano la comunicazione di importanti brand e/o personaggi e spesso, quando noi arriviamo a notare la loro viralità, è perché non conosciamo quello che sta dietro al tutto.

Per capirci, se un'azienda, piccola o grande che sia, arriva ad avere grande seguito e grandi numeri sui social senza apparentemente investire dei soldi all'interno dello stesso social, significa che lo sta facendo altrove, dove probabilmente noi non la seguiamo, e riesce a vivere di rendita anche all'esterno di un primo contesto. Per la stragrande maggioranza delle aziende, dei professionisti o delle associazioni che abbiano intenzione di "lavorare" con i social, e quindi generare profitti o rafforzare il ricordo o l'importanza del loro

44

brand, i social sono una risorsa "a pagamento". Ne più ne meno come lo è fare pubblicità sui giornali, in radio o in televisione.

Qual'è la principale e sostanziale differenza almeno oggi?

In primis "il costo". E non è una differenza da poco. Promuovere oggi qualcosa sui social, in particolare su Facebook che prenderemo come esempio, ha veramente un costo irrisorio. Una campagna promozionale su stampa, radio o tv può costare da poche decine di migliaia di euro ad alcuni milioni per le aziende più importanti. Sui social, generalmente, si riescono ad ottenere dei risultati apprezzabili con poche centinaia di euro all'anno. E non esiste uno sbarramento al ribasso. Se la mia azienda vuole spendere 10 euro in promozione su Facebook lo può fare. Ovviamente i risultati saranno commisurati all'investimento (e non solo), ma nessuno, al momento, le impedirà di farlo. Questa cosa, grazie al digitale, si porta dietro una sorta di "democratizzazione" dell'advertising che non resta più ad appannaggio delle grosse compagnie, ma può, in alcuni casi, veder crescere aziende che siano partite dal nulla o quasi e che abbiano avviato una politica di investimenti anche minima. Il principio resta quello della vendita delle canzoni a basso prezzo. Siccome l'utenza è di fatto potenzialmente infinita, il prezzo scende. Così l'investimento pubblicitario. Che da una gestione "elitaria", cioè ad uso e consumo di chi potesse permettersi ingenti investimenti, passa ad una più ampia economia di scala, disponibile e accessibile a tutti.

Quindi, abbiamo affermato come la pubblicità non sia di fatto "essenziale" ma che abbia comunque un costo, ad oggi, "irrisorio". Due fattori che definirei in buona sostanza positivi. Due fattori che fanno il gioco delle grosse compagnie che si adoperano per veicolare i nostri messaggi pubblicitari, ma anche il nostro, quello di piccole aziende e/o professionisti che desiderano mettersi in mostra e far conoscere i propri servizi.

Una base di partenza diciamo ottimale. L'utente medio arriva a percepire questo messaggio sostanzialmente come: "Posso spendere poco e riesco ad arrivare a molti".

Ora cerchiamo di verificare la proporzione tra quanto viene speso e il pubblico che si va ad impattare attraverso la propria comunicazione. Anche in questo caso, avendo usufruito della pubblicità di Facebook per lavoro sono

· arrivato ad alcune conclusioni che penso possano essere motivo di discussione e/o riflessione.

Mi è capito più volte di fare delle prove prima di promuovere veramente qualcosa su facebook, sia un post che una pagina, e ho sempre riscontrato, una volta verificato l'efficacia dei miei comunicati, una cosa fondamentale. Nel momento in cui la tua azienda viene invitata a provare a far promozione attraverso il social, l'informazione di base parte già distorta. Facci caso, Facebook ti inviterà a promuovere un tuo post sbandierandoti l'opportunità di raggiungere (per esempio) 15.000 persone con pochi euro. Allettati dal messaggio, la tua azienda sceglie di provare a costruire il suo target e il messaggio da veicolare e subito ci si imbatte in quello che è una specie di pannello di controllo dell'inserzione che ci permette di studiare e definire dei parametri, secondo le nostre disponibilità di denaro da affidare alla promozione. Il pubblico potenziale a questo punto, indipendentemente dalla cifra che vogliamo investire, non è mai quello promesso da Facebook quando ci voleva invitare ad usare il suo servizio, ma bensì viaggia tra un minimo ed un massimo, che guarda caso, è proprio la cifra sbandierata dal social per farci abboccare. Così se con pochi euro eravamo convinti di poter raggiungere 15.000 persone, ci accorgeremo presto di poterne raggiungere, con il nostro debole budget, solo 2.500, a meno di non decuplicare il nostro investimento.

Sono convinto che una comunicazione più corretta da parte di Facebook, dovrebbe prendere fin da subito come base di misurazione il "minimo" dei contatti raggiungibili e non il massimo. Sarebbe come dire ad un agente immobiliare che avesse un portfolio di 10 appartamenti da vendere in qualche giorno: "Puoi venderli tutti entro 48 ore se vuoi". Sì, la possibilità c'è, in senso lato. Ma in quanti ci riuscirebbero? Per Facebook il discorso è lo stesso. Proporre una forbice piuttosto ampia tra un pubblico minimo ed uno massimo raggiungibile rimane a mio parere una cosa fuorviante e di fatto non realistica. Chiunque abbia fatto campagne Facebook medio-piccole si sarà accorto che il reale pubblico raggiunto supera generalmente di poco il numero minimo previsto dal social network senza neanche lontanamente sfiorare i suoi valori massimi.

Praticamente mi dici sempre che il mio pubblico potenziale potrà essere tra 1.000 e 15.000 persone, ma, in base all'investimento, scoprirò solo dopo che la mia promozione raggiungerà a mala pena le 1.800 unità. Sembra una sciocchezza, sembra banale, ma quante aziende medio-piccole, attirate dallo sbandieramento di valori massimi, si accorgono poi che il loro messaggio in realtà non ha raggiunto numeri così edificanti? Secondo me molte, soprattutto all'inizio della loro avventura pubblicitaria online.

Questa cosa potrebbe essere evitata, fornendo strumenti più realistici alle aziende, dicendo loro che raggiungeranno "per certo" un minimo di persone senza creare delle aspettative che di fatto restano lontane dalla realtà. Ma si sa, persuadere e convincere a provare è comunque un'arte. E, per attirare nuovi clienti, come si racconta la storia è qualcosa che può far la differenza. Il social di fatto si mette al riparo da qualsiasi critica fornendoti una "stima" quindi del tuo potenziale pubblico, il che di fatto ti obbliga a fidarti di quell'informazione. E del fatto che quella stima, ti venga detto, si basi sulle prestazioni "medie" delle inserzioni destinate al pubblico che hai selezionato.

Come dire, il manifesto del tuo competitor in piazza è stato visto nell'arco di una settimana da settemila persone, quindi possiamo stimare che il tuo possa essere visto da un minimo di cinquemila ed un massimo di quindicimila volte. Se si parlasse di questo tipo di promozione, molto più tradizionale e "tangibile" vi fidereste così ciecamente? Dubito.

Ma si sa, quando siamo online siamo particolarmente inclini a non mettere in discussione ciò che ci viene detto, soprattutto se a farlo sono i grossi players della rete, quelli ai quali tutti si rivolgono per le loro attività quotidiane. Diamo loro cioè una credibilità che, in alcuni casi, non meritano di avere e, in alcuni casi, probabilmente non hanno.

Detto questo cerchiamo meglio che possiamo di sfruttare tutti i tools che Facebook ci mette a disposizione per identificare il nostro target di riferimento nella maniera più accurata possibile, ma anche li, esperienza personale, non si è immuni da sorprese. Mettiamo il caso di voler promuovere "un post" della nostra pagina. Piccolo inciso: promuovere un post di una pagina facebook è sempre più utile che promuovere la pagina stessa. Sembra una fesseria ma non lo è. Un post raggiunge mediamente più persone, può essere condiviso più facilmente ed avere un engagement più ampio proprio in virtù di quello che "propone", ma soprattutto, fa leva sul nostro stato emotivo "momentaneo" che, in molti casi, è più incline a far sua una storia o una notizia che un semplice slogan appiccicato ad una pagina. Senza contare che il mettere un mi piace al vostro post sponsorizzato si porterà sicuramente dietro anche alcuni "mi piace" verso la pagina stessa, "responsabile" di un contenuto ritenuto utile e accattivante.

Se proprio vogliamo amplificare questo effetto "positivo" possiamo usare il like del nostro target come un traino, una volta verificato che un tot di persone hanno gradito la vostra promozione, sarà sempre possibile invitarli a mettere un segno di approvazione anche sulla pagina. Personalmente è una cosa che faccio abitualmente e ha il suo massimo effetto se fatta poco dopo che la persona ha cliccato mi piace sul post. Visto l'interesse, lo si invita a fare un passo in più, poco dopo, e a dar fiducia anche alla nostra pagina. Ho potuto verificare quasi sempre con soddisfazione che la memoria positiva a breve termine del messaggio piaciuto si porta dietro almeno il 50% di conversioni a "mi piace". Provateci con i vostri comunicati e casomai mi farete sapere se otterrete risultati. Chiuso l'inciso.

Tornando a monte, parlavamo di sorprese...

Prepariamo il nostro pubblico di riferimento, i suoi interessi, la durata della nostra promozione e quando farla inziare. Facebook si sforza di farci comprendere al meglio tutte le possibilità che abbiamo di raggiungere un determinato target, ci mostra come il nostro pubblico potenziale potrebbe essere enorme, e non potrebbe essere altrimenti, e ci invita a far approvare la nostra promozione. Un primo step che potrebbe farci storcere il naso l'abbiamo quasi subito. Se vi è mai capitato di voler promuovere un post che contiene una bella immagine, ma che al tempo stesso presenta grafismi e/o uno slogan all'interno di essa, sarà la stessa Facebook a mettere le mani avanti con un messaggio di warning alquanto discutibile:

"Il tuo post o la tua immagine contengono troppo testo e potrebbero non essere approvati o subire un drastico calo di diffusione".

Personalmente è una cosa che trovo assurda. Se io pubblico un rettangolo azzurro con dentro una citazione bianca, Facebook potrebbe rifiutarsi di procedere con la promozione o invitarmi a cambiare il mio messaggio. E' come se volendo far appendere per la città i nostri manifesti qualcuno ci venisse a dire cosa ci andasse scritto sopra. Fermo restando di non stampare qualcosa di illegale e/o contrario alla morale, sarebbe pura follia.

Facebook ha regole precise riguardo allo spazio che immagini e testo devono occupare nella nostra comunicazione e nessuno sa il perché.

O meglio io non lo so.

E' semplicemente una regola da rispettare, pena l'impossibilità di promuovere il nostro post. E' come se Facebook non volesse farci sfruttare a pieno le regole che ovunque muovono la comunicazione, far leva per esempio sull'emotività generata da un testo in associazione ad una determinata fotografia, come se volesse di fatto limitare la nostra possibilità di espressione penalizzando di fatto la nostra comunicazione. Senza se e senza ma. Ma voi affidereste la vostra campagna ad un'agenzia che vuole limitare la vostra capacità espressiva? Direi di no.

Quindi perché lasciamo a Facebook questo potere castrante nei confronti dei nostri comunicati? Ma soprattutto perché un post con troppe scritte dovrebbe essere penalizzato rispetto ad un altro? Stiamo pagando per far vedere il nostro comunicato. Direi che sarebbe un motivo sufficiente per non consentire certi divieti.

A me è una cosa capitata più volte. Alcune volte Facebook ti invita a richiedere una verifica "personale" affinché il tuo comunicato possa essere considerato idoneo alle loro linee guida. Ma ti posso garantire che dover cambiare ciò che magari va bene per qualunque media ci possa venire in mente appositamente per Facebook è qualcosa che mi da piuttosto fastidio. Anche perché io potrei decidere una campagna globale su differenti piattaforme che dovranno avere lo stesso identico standard e a quello tutti si dovrebbero attenere. Nessuno escluso.

Ad oggi non sono riuscito a trovare una spiegazione, che ritengo sia valida, riguardo al perché Facebook senta di avere qualche titolo per poter decidere se la mia campagna sia idonea o meno. Soprattutto se lo è per tutti gli altri media, ovviamente con gli opportuni aggiustamenti, che non vanno però mai a toccare il merito della comunicazione. Magari un giorno lo capirò, per ora ho sempre fatto buon viso a cattivo gioco.

Di conseguenza, proseguiamo fiduciosi, una volta sistemato il nostro post, con la verifica del nostro target che si presuppone sia consono, e quindi potenzialmente interessato, a ciò che vogliamo promuovere. Se produciamo "infissi", o un prodotto o un servizio specifico, segnaleremo quello che, tra gli interessi segnalati dagli utenti, pensiamo sia perfetto per la nostra campagna. Anche in questo caso Facebook ci mostra quante potrebbero essere le persone interessate alla nostra "parola chiave", il che significa che tutte quelle persone "dovrebbero", tra i loro interessi, avere quello che combacia con il nostro messaggio. Gioco forza il nostro post verrà promosso presso di loro. Un target quindi estremamente mirato e molto attraente, a prima vista, se ci troviamo dalla parte di chi deve raggiungere i suoi potenziali clienti.

Allora facciamo la prova, inseriamo un target italiano tra i 20 e 60 anni, uomini e che abbiamo come interesse il "bricolage" o qualcosa di molto specifico, spesso identificato con una sola parola. Facebook ci suggerisce subito che il nostro pubblico di riferimento è ampio e sfiora i 10 milioni di persone che hanno questo interesse e la nostra pubblicità, in virtù di quanto investito e della durata, verrà mostrata a un "campione" scelto tra questi. Bene dite voi. Non si potrebbe chiedere di meglio. E' come sapere che tot persone siano potenzialmente interessate a ciò che produciamo e noi gli mostreremo quello che "potrebbero" volere, perché rientra nei loro interessi.

Ma è veramente così?

Potrà sembrare strano, ma ho potuto verificare in più di un'occasione che almeno il 50% per cento delle persone che voi raggiungerete, non avrà nessuna attinenza con il target che con tanta cura avete selezionato. Non è uno scherzo. E' così. Più volte ho promosso alcuni post di una pagina, selezionato un target di interesse molto specifico e poi verificato (una ad una) le persone che avevano messo il classico "mi piace" al mio contenuto promosso. Mentre molte di loro effettivamente avevano nei loro profili segnalato l'interesse che io stesso avevo specificato nella preparazione della campagna, e quindi risultassero perfettamente compatibili con la tipologia che io desiderassi raggiungere, una buona metà non aveva alcun interesse di quel tipo nel proprio profilo. Alcun interesse di "quel" tipo. Un'altra parte delle persone che avevano apprezzato la mia campagna invece, avevano segnalato nei loro profili quello stesso interesse ma insieme ad altre "decine" di interessi, rendendo di fatto vano un comunicato pensato per un "certo" tipo di persone.

Ora, se analizziamo la cosa, e nel caso provateci e mi farete sapere, abbiamo una parte del target raggiunto perfettamente compatibile. Sarà probabilmente quella parte di persone alla quale voi riuscirete a parlare di più, a vendere qualcosa o a rimanere impressi con la vostra pagina. Poi abbiamo una grossa fetta di "pubblico" generico, che con il nostro target non c'entra assolutamente nulla, spesso neanche lontanamente. A queste persone, che hanno comunque visualizzato il messaggio pubblicitario, andrebbe chiesto il "perché" l'abbiano potuto vedere. Sta di fatto che da loro non si otterrà assolutamente nulla in termini di "ritorno" di qualsiasi tipo.

E poi c'è il terzo gruppo di persone che amano quello che avete segnalato ma alle quali piacciono tantissime altre cose, quindi il vostro target rimane "annacquato". Questi ultimi non sono fan di un artista, ma della musica, non amano la Juventus ma piace loro il calcio. Insomma per questo tipo di persone il vostro sforzo non si potrà limitare a segnalare qualcosa e il risultato sarà molto simile a quello che potrete ottenere con il primo gruppo che consideriamo "fuori profilo".

Avete ancora voglia di promuovere qualcosa su Facebook?

Purtroppo si, rispondo io al posto vostro. I suoi numeri sono talmente importanti e rilevanti che anche avere un target "azzoppato" è sempre e comunque utile per avviare un certo tipo di comunicazione online oggi. E il costo irrisorio che ci permette di spendere, per molti rappresenta un'occasione utile per avvicinare nuovi potenziali clienti. Certo, come in tutte le cose, avere una strategia a lungo termine è sicuramente la cosa migliore da fare pensando a questo tipo di comunicazione online. Le persone su Facebook non amano la pubblicità, parliamoci chiaro. Amano però essere coinvolti in qualcosa che regali loro un'esperienza diversa dal solito. O amano schierarsi.

Ci avete mai fatto caso?

Usare i social per comunicare in modo trasversale è forse il modo migliore per promuovere qualcosa. E spesso con poco sforzo. Ad un patto però, che se ne studino i meccanismi e che si riesca a sfruttarli convincendo la persone ad interagire con voi, il primo modo per poter offrire loro "qualcosa". Io l'ho fatto. Mi sono messo a studiare le reazioni della gente e i risultati sono stati sorprendenti. Ho pubblicato post su alcune delle mie pagine che, pur non essendo sponsorizzati, hanno regalato direi più di una soddisfazione in termini di contatti e coinvolgimento del pubblico.

Punto primo direi che serve metterci la faccia. Si, la vostra. Non quella di qualcun altro. Un manager che parla della propria azienda è più efficace e "credibile" di uno spot nel quale diciamo a tutti quanto la nostra azienda sia bella. Il metterci la faccia ti permette di raccontare una storia unica, la tua, che nessuno potrà copiare ne fare sua in alcun modo. Al tempo stesso ti espone ad un dialogo con gli altri che percepiscono, seppur inconsciamente, che possono venirti a dire qualcosa. Non importa se in accordo o in disaccordo con te. Ma il fatto di esserti palesato ti da un maggior credito presso l'opinione pubblica in generale. Le persone pensano poi che se ci hai messo la faccia sarai anche altrettanto ben disposto ad ascoltare le critiche ed eventualmente a prenderti i meriti. E' sicuramente un punto a favore.

Se vuoi metterci la faccia cerca poi di mettercela in "video".

Un videoclip, che duri non più di una paio di minuti, su Facebook ha un maggior appeal. Nonostante potrai poi scoprire che molti di quelli che hanno visualizzato il tuo promo abbiamo stoppato dopo dieci secondi di filmato. Alla lunga è una situazione che paga. Se poi riesci a comunicare qualcosa di interessante ancora meglio. E poi prendi "posizione". Sembra banale ma non lo è. Atteggiarsi un po' e dire le cose come se fossero verità assolute per quello che ti riguarda o per il tuo settore business, comunica sempre un'impressione di sicurezza in quello che si sta dicendo e incita le persone ad approvare o a perdere tempo per cercare di stroncarti.

Eh già, perché se avrai le palle di metterci la faccia, comunicare qualcosa e farlo in modo deciso e senza tentennamenti, ti accorgerai che il tuo pubblico si spaccherà automaticamente in due. Difficilmente avrai tutti contro o tutti a favore. Ma il tuo compito principale sarà quello di essere pronto a sostenere le critiche. Dal momento in cui pubblichi il tuo comunicato la domanda che ti devi fare è: "Sono pronto a rispondere e ad accettare le critiche?". Se la risposta è si e non perderai tempo a demoralizzarti o prendertela per un commento poco carino, allora puoi fare questo investimento sulla tua persona, a favore della tua azienda, piccola o grande che sia.

Una volta prese le misure ti stupirà l'essere riuscito a creare una vera e propria community che vorrà intervenire in un modo o nell'altro in ciò che pubblicherai. Rimane palese che questo processo non passa attraverso comunicati una tantum, ma una strategia di comunicazione con un minimo di pianificazione, ma sopratutto che duri nel tempo, possibilmente ad intervalli regolari. Perché un'altra delle regole base della pubblicità non è tanto la bellezza del messaggio, ma la sua "ripetitività" nel tempo che da i suoi frutti. E' una condizione che si applica a tutti i media tradizionali ed internet, e quindi Facebook, non fanno eccezione. E' il motivo per il quale le canzoni dell'estate diventano dei tormentoni grazie alle compagnie telefoniche etc... ripetere il nostro promo periodicamente aiuta a fidelizzare a poco a poco la clientela e lavora a livello più profondo sulle persone che arrivano a ricordarsi il nostro brand più facilmente o, in alcuni casi, al primo accenno.

Ma davvero una buona campagna tv funzionerà altrettanto su internet e nello specifico su Facebook? Per quanto riguarda le grosse aziende direi di si. Ma perché parliamo di grossi numeri e grossi investimenti. Il messaggio arriva sulla quantità e quantomeno il brand viene a poco a poco assimilato dall'utenza. Nella maggioranza dei casi la promozione su Facebook per le grande aziende non è altro che un "rimando" online di ciò che in realtà avviene già all'esterno della rete. Se invece la nostra comunicazione avviene solo online le cose si fanno più complicate. Se fossi costretto a fare una classifica di comunicati che penso funzionino, o traggano i maggiori benefici dalla pubblicità online, direi che al primo livello metterei sicuramente le aziende strettamente legate alla rete e alla comunicazione, quelle che hanno a che fare con i mezzi e i modi di usare la rete e quindi i maggiori player hardware e software, le compagnie telefoniche, le migliori soluzioni cloud o di vendita di beni che in rete sono intangibili, ebook, musica, ticketing o simili.

I comunicati di quelle aziende insomma che possono eventualmente proporre e/o vendere qualcosa di smaterializzato. O che serve necessariamente per "accedere" alla rete stessa, e quindi computer, server, compagnie che registrano domini etc...

Questi, secondo me, sono i settori che possono maggiormente ottenere vantaggi dalla pubblicità su Facebook. Subito dopo ci metterei quelle aziende che lavorano sul creare "un'esperienza", cioè quelle situazioni in cui non ti si stia vendendo necessariamente qualcosa ma "ti si inviti" a partecipare a qualcosa. Fanno parte di questa categoria gli organizzatori di eventi e concerti, proiezioni e mostre, per esempio, o chi propone l'esperienza di un viaggio vacanza o un'avventura particolare. Il maggior engagement su Facebook si ottiene in questi casi perché le persone possono dire la loro su una determinata situazione e/o influenzarsi a vicenda magari andando a vedere un evento sportivo.

Per ultimo metterei invece tutti quei comunicati e/o contenuti che hanno come scopo primario il "vendere" specificatamente un oggetto. Di qualunque tipo. Una promozione che inviti le persone a comprare un trapano con il 15% di sconto in un determinato grande magazzino difficilmente potrà avere l'appeal di un annuncio che promuove il nuovo tour di Bruce Springsteen. Con le dovute proporzioni e i distinguo, in primis il budget a disposizione per la campagna, sarà più facile per le persone ritrovarsi "attorno" al comunicato riguardante il concerto in quanto permetterà loro di partecipare a qualcosa attivandosi in una certa maniera, ma altresì di condividere magari le passate esperienze vissute ai concerti del Boss o semplicemente il poter esternare di essere suoi fan o disquisire sul suo ultimo album.

Intorno al post che stiamo promuovendo quindi si forma una "community". Le persone si sentono parte di qualcosa e sono maggiormente disposte ad intavolare discussioni e/o interagire con il nostro comunicato. E' una leva da tenere bene a mente e, se usata in modo corretto, molto potente. Attrarre potenziali clienti rimane un'arte. Difficile certo, ma che diventa quasi impossibile se non si riesce ad attivare quel senso di appartenenza che l'utente medio cerca in ogni relazione con il prossimo. Bisogna portare il navigatore ad avere un elemento in comune con il nostro comunicato. Qualcosa che arrivi a toccarlo e che gli permetta di dire la sua rispetto all'argomento trattato. Questo tipo di situazione è l'ideale per avviare un progetto di community intorno al nostro brand e intavolare qualsiasi altro tipo di tentativo di vendita di prodotti o servizi successivo.

Personalmente, osservando il comportamento delle persone, anche in post generici e che non riguardino strettamente una mia pagina specifica, sono riuscito ad ottenere discreti risultati. Le persone, se correttamente sollecitate, tendono a rispondere in qualche modo. L'allenamento sta nell'essere pronti ad ogni tipo di risposta. E' un lavoro che richiede tempo, dedizione e, come ogni cosa, costanza. Tenendo in mente fondamentalmente due cose. Le persone non vanno su Facebook per vedere della pubblicità e Facebook tenderà sempre di più a limitare il vostro target di riferimento a meno di grossi investimenti. Inizialmente le delusioni non mancheranno, ma se si saprà resistere nel tempo è facile che arrivino anche le soddisfazioni. E la nostra potenziale platea di "customers" si espanderà come soggetta ad un invisibile effetto onda. O almeno è quello che ci auguriamo tutti. Tutti quelli che con la rete vogliono lavorarci, e non solo stare a guardare.

LAVORARE CON YOUTUBE

Nasce nel febbraio del 2005. Da non credere ciò che può cambiare in poco più di dieci anni. I primi video di Youtube erano, al confronto di quelli odierni, qualcosa di veramente inguardabile. Oggi, acquistato nel tempo da Google, Youtube è di fatto un'alternativa alla televisione, ai media tradizionali, un contenitore multietnico che macina milioni di videoclip al giorno, da quelli della massaia di Voghera ai filmati in diretta della Nasa. Il tutto catalogato a seconda degli argomenti, della popolarità, promosso o segnalato in base al gradimento dell'audience. E si perché oggi, tutti noi facciamo audience. Non solo in tv, ma anche online. Siamo di fatto spettatori di qualunque cosa possiamo immaginare, possiamo venire a conoscenza di notizie che fino a ieri erano appannaggio di grosse agenzie del settore, possiamo produrne di nostre e, se lavoriamo bene e siamo fortunati, riuscire ad avere gli stessi numeri dei grossi colossi dell'informazione.

E' naturale quindi, così come per tutto ciò che è nato in rete negli ultimi dieci anni almeno, che i professionisti e le aziende interessate a proporre i loro servizi e prodotti sempre innovativi abbiano iniziato a vedere in YouTube un possibile alleato commerciale. Negli ultimi anni dal colosso dei video passano prodotti e produzioni di ogni tipo, da quelle amatoriali a quelle strettamente legate al mondo televisivo che, piuttosto che non esserci, mettono le basi per una loro massiccia presenza futura in rete. YouTube diventa presto la patria di quelli che noi oggi chiamiamo gli "Youtubers", ovvero personaggi, generalmente giovani, che riescono a catalizzare l'attenzione dello spettatore spesso meglio di qualunque emittente televisiva.

Ma cosa permette loro di entrare a far parte di questo mondo dei media in modo così immediato e virale? La prima condizione, che tra l'altro abbiamo già verificato in altri ambiti parlando della rete, è che internet rende le proprie opzioni facilmente utilizzabili e a basso costo. Sono sempre le due leve più potenti che potremo trovare e sono le stesse che coinvolgono milioni di persone ogni giorno su qualsiasi piattaforma sociale online.

Detto in parole povere, far parte della community di YouTube è gratis, facile e produrre contenuti è accessibile a tutti. Una grossa mano negli ultimi anni l'hanno data i telefonini di ultima generazione ovviamente.

Con il nostro smartphone possiamo tranquillamente girare videoclip, più o meno professionali, che ci permettono di diffondere il nostro pensiero su un qualsiasi argomento, purché legale. Negli anni poi gli utenti non si sono limitati a "catturare" i loro servizi in modo veloce ed immediato come un tempo, ma hanno migliorato sempre di più la qualità del prodotto finale attraverso un lavoro di montaggio e selezione dei filmati migliori da proporre che fino a pochi anni prima era competenza esclusiva di studi televisivi e personale del settore. Oggi esistono applicazioni, social communities e tecnologie che ci permettono, con il minimo sforzo, di ottenere un video decisamente accattivante e quindi potenzialmente interessante per il pubblico di internet.

Tutta questa facilità potrebbe far pensare che "lavorare" con You-Tube sia una passeggiata. In realtà è tutto l'opposto. Anche perché, una delle qualità fondamentali della rete, che ci permettere di raggiungere milioni di persone, è anche il suo peggior limite. Quello che oggi è il tuo target, è al tempo stesso un tuo competitor, perché in qualsiasi momento potrebbe produrre un contenuto più interessante del tuo. Milioni di utenti online potrebbe quindi voler dire anche milioni di persone che potenzialmente producono contenuti e con i quali il tuo lavoro dovrà fare i conti.

E' come doversi distinguersi dalla massa con la nostra comunicazione in ambiti tradizionali, solo che all'interno della rete i numeri vengono moltiplicati a dismisura e lo sforzo che veniva richiesto fino a poco tempo fa, ora potrebbe non essere più sufficiente per riuscire ad emergere in un mare di milioni di video online.

Non solo "partecipare" alla piattaforma è un passo importante per un'azienda, ma "Comunicare" su YouTube, è molto difficile.

In primis perché occorre sapere come e cosa comunicare. Per saperlo dovremo quantomeno considerare il fatto di essere sufficientemente preparati su un argomento da poterlo affrontare in modo serio e competente. Ma anche se assodiamo tutto ciò, il fatto di essere uno strumento che parla alla gente attraverso i video nasconde insidie non spesso comprese a prima vista. Proviamo quindi ad analizzare la situazione sia dal punto di vista dell'utente che da quello del produttore del contenuto, che può essere un semplice studente, così come un professionista o un'azienda.

Siamo tutti d'accordo che agli utenti, YouTube regala una quantità infinita di video da poter visualizzare. Quando noi scegliamo un contenuto, e lo visualizziamo oltre un certo minutaggio, il nostro passaggio non resta fine a se stesso ma va a far somma delle visualizzazioni totali o "views". Se poi siamo registrati presso Google possiamo intervenire e commentare ciò che abbiamo visualizzato lasciando il nostro pensiero all'autore in quella che diventa una specie di chat differita all'interno della quale il creator del contenuto può ricevere immediatamente un feedback, positivo o negativo che sia, dagli altri. Negli anni YouTube ha messo a disposizione, e affinato col tempo, tutta una serie di strumenti utili a caricare i propri comunicati, catalogarli in base a parole chiave, inserirli in un canale personale ed avere a disposizione tutta una serie di informazioni che fino ad alcuni anni prima sarebbero state ad uso esclusivo di organizzazioni ben più importanti e che ora vengono rese disponibili a qualunque utente voglia cimentarsi nell'avventura di condividere i propri video sulla piattaforma.

La dashboard di YouTube ci permette di avere statistiche piuttosto approfondite rispetto al numero di visualizzazioni del nostro lavoro, al minutaggio effettivamente guardato, al numero degli iscritti al nostro canale in modo da poter creare e gestire una vera e propria community. Attraverso i tools che la piattaforma mette a disposizione è possibile caricare, modificare e aggiungere musiche al proprio lavoro per renderlo più accattivante. Ma è sopratutto possibile "monetizzare" la propria presenza e "proporre contenuti a pagamento". E sono queste le due cose che vanno attivate una volta raggiunto un numero sufficiente di utenti da poter pensare di riuscire a raccimolare qualcosa con il nostro lavoro come Youtuber.

Ma facciamo un piccolo passo indietro. Riuscire a lavorare, e quindi guadagnare qualcosa, con i video di YouTube, è si un'operazione alla portata di tutti, ma non per tutti. I nostri contenuti dovranno necessariamente essere di qualità o possedere una viralità fuori dal comune per poter attirare l'attenzione degli utenti della rete. Quindi ciò che intendiamo dire deve avere di per se un "valore" e deve essere percepito anche dal nostro pubblico come tale. Secondo, così come tutte le cose e tutte le attività, soprattutto in rete, è un'operazione che richiede tempo e dedizione non indifferenti. Spesso sono i ragazzi a riuscire a sfruttare queste caratteristiche perché sono in grado di riconoscere prima degli altri le nuove tendenze e poi perché di fatto hanno molto tempo da poter dedicare ai loro canali. La comunicazione di un sedicenne è trasversale, potrebbe essere banale, non specialistica o forbita, ma potrebbe comunque generare numeri interessanti e quindi potenziali guadagni.

La regola in rete resta sempre la stessa che abbiamo visto anche per altri ambiti sociali. Se un soggetto ha un grosso seguito significa che ha investito tempo, fatica e denaro per costruire un "brand" che, una volta raggiunti risultati in un ambito, potrà facilmente esportare in altre situazioni. Come dire, un personaggio famoso con un enorme seguito su Facebook non avrà difficoltà ad averne altrettanto una volta sbarcato su YouTube e la stessa cosa avverrà nel momento in cui metterà piede su Instagram. Un "brand" si costruisce nel tempo. E richiede fatica. Arrivare ad essere uno Youtuber "stimato", quindi apprezzato dalla comunità online, significa aver fatto decine e decine di video, aver lavorato per montarli e confezionarli al meglio ed essere riusciti a comunicare qualcosa di interessante. Quelli che ci riescono a prima vista sembrano molti. Quelli che guadagnano in realtà, non sono poi tantissimi.

Detto questo, da utente, andiamo ad analizzare come potremo ricavare qualcosa dall'utilizzo di YouTube e dalle possibilità che ci offre, dando per scontato il fatto che avremo aperto un canale con ormai un discreto seguito e un buon numero di video caricati nel tempo.

Abbiamo quindi detto che le due cose alle quali prestare attenzione all'interno del nostro "pannello di controllo" da Youtuber sono: "Monetizzare" e "proporre contenuti a pagamento". Iniziamo col dire che occorre essere idonei per poter "attivare" queste configurazioni, e che il "monetizzare" va attivato preventivamente per poter poi eventualmente proporre contenuti a pagamento. In buona sostanza quando chiediamo a Youtube di poter monetizzare i nostri contenuti stiamo diventando partner di YouTube. La piattaforma consente infatti ai "creators" (generatori di contenuti) di poter ospitare messaggi pubblicitari all'interno dei loro video. Condizione principale, oltre rispettare le regole imposte dal portale, è che il pubblico del nostro canale sia sufficientemente ampio per consentire al messaggio pubblicitario di arrivare ad un numero di viewers interessante per le aziende. Questa soglia al momento è di 10.000 visualizzazioni pubbliche. Si può fare domanda, attendere la risposta di YouTube, e se positiva, inziare subito a concretizzare il proprio investimento ospitando pubblicità di terzi. Questo è quello che la maggior parte degli Youtubers fa.

Una volta creata una community abbastanza ampia, magari con milioni di visualizzazioni per i propri video, potrebbe essere interessante procedere alla richiesta di "monetizzare" i propri sforzi. Nei casi più eclatanti, lo youtuber diventa un lavoro a tempo pieno. In altri casi, ma generalmente un'opportunità per aziende che comunque operano nel settore dei media, è più idonea la scelta di richiedere la possibilità di creare contenuti a pagamento, siano essi singoli video che un vero e proprio canale riservato. In quel caso gli utenti si comportano come subscribers e possono accedere e visualizzare i contenuti dietro il pagamento di una quota. Anche questo tipo di richiesta, meno usuale per il singolo Youtuber, necessita che alcune condizioni primarie vengano soddisfatte. Il creator, in questo caso, deve essere già partner di Youtube, essere stato verificato tramite telefono, avere un account Google AdSense da collegare all'account Youtube e possedere un canale con almeno 1000 iscritti attivi.

Da "utente" direi che la soluzione più interessante sembra essere quella di limitarsi a monetizzare con la pubblicità. Se i nostri contenuti richiamano molti viewers si potrebbero ottenere risultati interessanti, mentre credo che possa essere più complicato riuscire ad offrire contenuti per i quali la gente sarebbe disposta a pagare un abbonamento, non fosse altro per tutte le alternative che consentono lo stesso servizio attraverso altri portali. Diciamo che YouTube conserva, secondo me, ancora quella energia positiva e vibrante dei video postati da sconosciuti che, per un motivo o per l'altro, potrebbero diventare virali senza un apparente valido motivo. Questa incertezza, e la varietà dei contenuti, ne fanno una piattaforma ancora oggi piuttosto viva nonostante gli oltre dieci anni di attività e la recente concorrenza che Facebook inizia a proporre con i propri inside video che possono essere caricati direttamente sul nostro profilo o la nostra pagina aziendale.

YouTube resta ancora oggi un punto di riferimento e, secondo me, ha poco senso andare a rinchiudersi in un canale a pagamento all'interno di una piattaforma così aperta ai nuovi contenuti. Il continuo cambiamento e vitalità della comunità degli Youtubers è quello che oggi rende YouTube un passo avanti a tutte le altre piattaforme di streaming e/o contenuti video gratuiti e/o a pagamento. Fra cinque anni potrebbe non essere più così, ma in quel caso occorrerà rivedere tutte le nostre strategie di comunicazione valide finora.

Questo è ciò che l'utente medio può fare con YouTube. Lavorare sodo gli consentirà di creare una community e di generare profitti spesso creando un brand che risulta essere un'unica cosa con la sua persona. Potremo anche definirlo come "Personal Brand". Questi personal brand a lungo andare, e dopo centinaia di video caricati online, diventano dei veri e propri "influencer" della rete. Non è raro, anzi, piuttosto usuale che, ad affiancare gli introiti che arrivano dall'ospitare pubblicità nei propri video, inizi anche un'attività parallela di "tester di prodotti", di "moderatore" o, nei casi più eclatanti, addirittura di "attore" e "fenomeno di costume", aprendo di fatto la strada a collaborazioni, libri e apparizioni televisive. Se questa cosa si verifica, non siamo più di fronte ad un semplice Youtuber di successo, ma ad un "personal brand" che, di fatto una vera e propria azienda, porta la sua popolarità fuori dalla rete. Una popolarità "esterna" di fatto, che paradossalmente, aiuta a rinforzare di riflesso quelli che sono i contenuti che lo youtuber caricherà in futuro in virtù delle sue nuove esperienze lavorative generando ulteriori profitti e ancora maggiore visibilità.

Chi riesce a fare tutto questo, inutile dirlo, ha lavorato sodo. Veramente duro. E spesso ha avuto dietro di se consiglieri e/o aziende di marketing che hanno saputo intuire le potenzialità del personaggio prima che diventasse "brand" e che ne hanno consigliato (ed accompagnato) le successive scelte. In buona sostanza quando si arriva a "campare" di YouTube, non si guadagna più solo da YouTube, ma si ha una visibilità che permette di poter esplorare più settori. E, potenzialmente, di generare nuove entrate.

Ma le aziende invece a cosa devono far attenzione per promuovere i

62

propri brand online attraverso YouTube?

Beh, innanzi tutto, una volta partner di YouTube e Google, l'azienda propone le proprie campagne che spesso sono un adattamento di analoghe pubblicità su altri media. L'utente di YouTube accetta di buon grado comunicati commerciali che non siano troppo lunghi, generalmente poco più di una decina di secondi. Messaggi di una lunghezza maggiore devono essere dei veri capolavori o trattare argomenti molto interessanti, spesso in ambito entertainment, per essere seguiti e guardati con interesse. Senza contare che per i principali browser esistono apposite "estensioni" che hanno come scopo primario quello di eliminare i contenuti pubblicitari dal filmato orginale sulla piattaforma in modo del tutto trasparente. In quel caso, qualsiasi investimento si sia fatto, sarebbero soldi sprecati. In linea di massima però sono dell'idea che le aziende che operino all'interno di questi contenitori, tranne rari casi e in settori molto specifici, debbano puntare sul rinforzare il ricordo del proprio brand piuttosto che invitare gli utenti ad un'azione o segnalare qualcosa che accadrà di li a breve.

L'utenza di internet è di fatto spesso distratta e l'utilizzo di YouTube non fa eccezione. Già il solo fatto di poter tenere aperte più finestre contemporaneamente in un browser ci potrebbe far perdere parte dei contenuti o qualcosa ci potrebbe sfuggire, ma sono molteplici le situazioni per le quali la nostra concentrazione davanti al monitor latita. Personalmente trovo molto interessanti i trailers dei film, i comunicati che, opportunamente accorciati, mi ricordano la stessa pubblicità vista in tv, oppure qualcosa che sia strettamente collegato alle tematiche della rete. Ma sono altresì convinto che siano gli specifici interessi personali a definire, in molte occasioni, l'attenzione che diamo ad un messaggio pubblicitario prima di un video di YouTube. E se vi state domandando se anche il portale si sforzi di proporci qualcosa che ci possa interessare, la risposta è si. La famiglia di Google distribuisce ed elabora i nostri dati ad uso e consumo di ogni sua piattaforma e servizio. A noi non resta che subire questa scelta, azzeccata o meno che sia.

Una cosa è certa però. Che l'utente medio tenderà sempre a "saltare" il comunicato commerciale non appena possibile e a voler andare direttamente al filmato scelto. Per questa ragione, non esprimere e/o evidenziare il proprio brand nei primi cinque, sei secondi del messaggio promozionale può essere un errore madornale, oltre che un enorme spreco di risorse.

Personalmente è una cosa cha faccio spesso, quasi sempre, così come mi diverte osservare le aziende che, in quell'arco di tempo, riescono a farmi percepire la marca e/o il loro prodotto/servizio. Non sono molte, meno di quante possiate pensare. E, sinceramente, se mi occupassi di questo tipo di comunicati, sarebbe la prima cosa alla quale farei attenzione, marca e prodotto e/o servizio subito chiari nei primi sei secondi, tutto il resto dopo. E' quasi matematico che la maggior parte delle persone salterà l'annuncio non appena YouTube lo consente, occorre quindi generare promozioni ad hoc per questo tipo di situazione.

Periodicamente, fateci caso, ci sono situazioni in cui è la stessa You-Tube che non consente di skippare il messaggio pubblicitario. Siamo quindi costretti a vedere tutta la durata del messaggio per poter proseguire la visione del nostro video preferito. In altri casi la visione, per esempio durante lo streaming di videoclip piuttosto lunghi, si interrompe, proprio come avviene con la televisione. E' una pratica che, da utente, trovo fastidiosa. Molto più fastidiosa di quando avviene in tv. Con la televisione posso cambiare canale, saltare di qui e di la e poi tornare al programma originale, con YouTube la cosa è più problematica, il contenuto va "cercato", spesso tra mille altri, ci vuole tempo, e resta difficile sottrarsi ai promo anche cambiando canale. La trovo una forzatura, ma posso capirne il motivo e se fossi un'azienda che investe migliaia di euro per una campagna promozionale, vorrei essere sicura che al mio target venisse mostrato il mio spot.

Onestamente devo anche dire che su YouTube questo tipo di situazione si presenta "una tantum" e quindi, è al momento, del tutto sopportabile. In un prossimo futuro le cose potrebbero cambiare e, in accordo con gli inserzionisti, il portale potrebbe studiare nuove forme di visualizzazione meno invasive e/o più interessanti per le aziende ma, al tempo stesso, per i suoi utenti. Nuovi modi di proporre contenuti sono sempre dietro l'angolo e nessuno può sapere oggi come avverrà l'utilizzo di una specifica piattaforma da qui ai prossimi cinque anni.

Fino ad allora, godiamoci i filmati più incredibili della rete e stiamo di pista ai personaggi e ai brand che riescono, grazie a YouTube, a muovere le masse. Perché in rete c'è una regola fondamentale, non scritta, ma che vale sempre, imparare i segreti dai migliori vale doppio.

TENIAMO VERAMENTE ALLA NOSTRA PRIVACY?

E' una domanda che dovremmo farci tutti i giorni. E dovremmo rispondere onestamente. Sappiamo ormai da tempo come l'utilizzo della tecnologia ci abbia costretto a scendere a compromessi con i più disparati soggetti, siano essi istituzioni o aziende private. Molte cose non le possiamo evitare.

E molte ci fanno comodo. Prova solo a pensare a quante telecamere ci sono nella tua città. Scommetto che hai pensato ad un numero che è abbondantemente sottostimato. Certo, ci immortalano se passiamo con il rosso, agli incroci, davanti ad un bancomat o ad un angolo piuttosto trafficato. Raccolgono dati e non ce ne accorgiamo. Anzi. Se provi a pensarci non ti stupisci che qualcuno, chissà chi, chissà dove, possa, anche solo per 24 ore, trattenere tue immagini di qualunque tipo esse siano. Lo riteniamo normale. Ma soprattutto utile. A meno di ricevere un avviso di infrazione, con tanto di foto, della tua automobile.

Per dirla tutta, per il mondo che abbiamo creato finora, queste tecnologie la loro utilità ce l'hanno. La nostra privacy, viene costantemente messa a repentaglio da un qualunque banalissimo contratto telefonico, qualunque tipo di abbonamento televisivo o qualsivoglia servizio che preveda di essere dapprima registrati, poi catalogati e profilati in base ai nostri gusti.

Siamo ben contenti quando soggetti come Netflix o Amazon ci presentano in home page una prima pagina personalizzata rispetto ai nostri gusti e preferenze. Lo consideriamo bello, ci sentiamo coccolati nello scambiare i nostri dati e le nostre abitudini con un servizio che riteniamo utile e ci ricordiamo che queste aziende conoscono tutto di noi solo quando è il momento di pagare. Allora abbiamo sotto gli occhi i nostri dati, i nostri acquisti, la nostra storia di clienti, le nostre precedenti esperienze. Un patrimonio che viene preservato. Per noi ci viene detto, sotto forma di quello che oggi chiamiamo "account". E ci auto convinciamo che sia così. Perché in fondo, non abbiamo niente da nascondere.

Quante volte abbiamo sentito questa frase. Ricompare periodicamente, e in ogni talk show o news che tratti di violazione dei dati, di presunti complotti ai danni della popolazione, di organismi che dietro una bella facciata lavorerebbero per spiare milioni di persone. Il più delle volte non ci crediamo. E' un ragionamento poco sensato, ma comprensibile. Perché il senso di privacy "sembra" non venir intaccato dal comportamento di questa o quella azienda, questa o quella istituzione. Perché il più delle volte i dati raccolti finiscono in "statistiche" immense e, come tali, li percepiamo come meno invasivi, come se non ci riguardassero.

Eppure nel mondo digitale la privacy è estremamente importante, e lo sarà sempre di più negli anni a venire. Vi ricordate ancora quando, più di trent'anni fa, non esisteva nessun obbligo di avvisare il cittadino di questo e di quello? Se chiedete ai vostri padri vi diranno che la loro generazione non ha mai visto per le città un cartello con scritto "Locale dotato di telecamere per motivi di sicurezza", così come è certo che agli albori di internet a nessun navigatore interessasse essere oggetto di espedienti di qualunque tipo di raccolta dati. Non esisteva il "consenso informato" come lo intendiamo oggi, ma soprattutto, non esisteva un "preventivo" consenso informato per raccogliere, che so, dei dati anagrafici, o per far registrare le persone a qualche servizio.

E abbiamo vissuto ugualmente. E non peggio di oggi.

Cosa ha portato allora a ritrovarci nel 2017 a dover gestire un'insofferenza generale verso qualunque pratica ci sottoponga a profilazione o che voglia sapere qualcosa in più di quello che siamo disposti a riferire spontaneamente? Quelli un po' più avanti negli anni sicuramente ricorderanno la nascita delle tessere punti dei supermercati. Ci credereste oggi che una volta non esistessero? Anni addietro abbiamo forse fatto la spesa in modo differente? O le aziende nel tempo hanno cercato di fidelizzare il cliente proponendogli qualcosa di cui venisse creato il bisogno a fronte di un beneficio successivo? Nell'arco degli ultimi trent'anni il digitale ha fatto si che la mole di dati raccolti sul nostro conto potesse essere elaborata in modo più agevole attraverso i databases, e venisse, al tempo stesso agevolato, il processo di consultazione e studio di tutta questa mole di informazioni.

Questa spinta digitale ha portato con se benefici per quanto riguarda l'occupazione. Pensiamo solamente al personale addetto al "reclutamento" di determinate informazioni, ma anche alle persone coinvolte nello studio e nell'elaborazione del materiale raccolto. Una serie di utilità che riescono a confonderci affinché, il più delle volte, il nostro stesso comportamento risulti apertamente in contrasto con le più elementari norme per tutelare la nostra privacy. Oggi, se ci pensiamo un attimo, praticamente ogni cosa è articolata in modo da raccogliere, direttamente o indirettamente, informazioni sull'utenza. E quell'utenza siamo noi.

Nel mondo digitale si potrebbe pensare che, vista la portata dei numeri e la diffusione di internet, le nostre informazioni facciano parte di un'immensa statistica senza volto che, di tanto in tanto, venga usata per soddisfare qualche nostra richiesta e/o semplice aspettativa. Questa cosa è sicuramente vera. Quelli che si chiamano "Big Data" e sono strutturati in enormi databases, rappresentano una fonte inesauribile di informazioni "generiche" e "senza volto" ma, al tempo stesso, rappresentano solo la punta dell'iceberg.

Perché più andiamo in profondità e più riusciamo a definire con buona approssimazione nomi, cognomi, informazioni e abitudini di quasi ogni persona presente in rete. Internet non fa altro che renderci più vulnerabili sotto questo punto di vista. Una volta entrati nel recinto e connessi, non importa dove e per quanto tempo, lasciamo ogni tipo di traccia dietro il nostro passaggio. Tracce che qualcuno potrebbe seguire, catalogare, profilare, persino analizzare. E, nei casi più gravi, usare contro di noi.

Detto così potrebbe sembrare terribile e sinistro. E in un certo senso lo è. Nella realtà di tutti i giorni, cosa ci fa accettare allora questa situazione quando siamo online? Il fatto che, nella maggioranza dei casi, fortunatamente, questi dati non vengano usati in modo fraudolento e a discapito di noi poveri ignari utenti. Nella "maggior parte" dei casi, ho detto. Non sempre. Basta poco infatti perché questa percezione che abbiamo, vacilli. E succede ogni volta che sentiamo di un nuovo attacco virus su scala mondiale, quando scopriamo che un governo controllava le conversazioni dei suoi cittadini, quando viene pubblicata un'intercettazione telefonica di un politico o semplicemente ci viene detto che il bancomat che usavamo sempre è stato preso di mira da potenziali truffatori. In quel caso il nostro atteggiamento cambia, anche se non per molto.

Siamo ancora lontani dal voler a tutti i costi preservare la nostra privacy. Anche in caso di allarme, serio e motivato, la nostra attenzione rimane focalizzata sul problema per troppo poco tempo. Giusto qualche giorno dopo infatti, cessato l'allerta, continueremo a prelevare dal bancomat rapinato, controlleremo il nostro computer con un antivirus qualche volta in più del solito e riprenderemo ad usare password generiche (e spesso uguali) per tutti i nostri servizi online. La discriminante fondamentale resta dunque una sola, la soggettività. Cioè quella situazione che, se non capita direttamente a noi, consideriamo degna di attenzione fino ad un certo punto. Da li in poi la nostra vita digitale prosegue come prima e tutto, molto spesso, viene dimenticato. E' come quando siamo raffreddati, ci ricordiamo del raffreddore per i giorni necessari. Per qualche giorno prenderemo un'aspirina e, una volta passata l'influenza, torneremo a comportarci come prima. Fino al prossimo raffreddore.

E' un atteggiamento pericoloso.

Sia il consentire che certe grosse aziende possano accedere e giocare con milioni di informazioni che ci riguardano, sia il credere che dalla nostra "normale" vita online nessuno riuscirebbe a trarre qualcosa di importante, o peggio, riuscirebbe a trarre beneficio. E per dimostrartelo voglio farti fare un piccolo test che chiunque può fare scegliendo la sua potenziale vittima "fittizia". Tutti i principali players mondiali del mondo internet hanno a disposizione un sacco di nostre informazioni, molte volte siamo noi a concederle perché altrimenti non potremmo eseguire un acquisto online, altre volte veniamo tracciati da questo o quel sito per poi ritrovarci una pubblicità specifica davanti agli occhi quando meno ce lo aspettiamo.

Ma il gioco che voglio farti fare è molto più semplice e non serve essere Google per poter carpire informazioni utili e, nel caso fossimo malintenzionati, usarle a nostro vantaggio danneggiando qualcuno.

Se hai un profilo facebook avrai ovviamente degli amici. Tra questi ci saranno persone che conosci personalmente, delle quali sai molte cose, che spesso frequenti e che quindi non fanno al caso nostro. La maggioranza dei tuoi contatti probabilmente invece è rappresentato da persone che non conosci di persona, non hai mai frequentato, ma probabilmente avete solo qualche interesse in comune o semplicemente siete diventati amici virtuali per aumentare ognuno il proprio numero di contatti.

Bene, fai una breve scelta e punta la tua attenzione su una persona che ti piacerebbe "spiare" in questo gioco un po da investigatore privato.

Scegli un profilo e inizia, magari su un foglio, a segnare tutto quello che può esserti utile per "profilare" questa persona in base al suo diario, a ciò che pubblica, a quello che scrive. Prova a fare questo esperimento magari per qualche giorno e completa, di volta in volta, una specie di diarietto su tutto quello che riesci a scoprire. Inizialmente puoi partire dal nome o nickname. Facebook, da qualche anno a questa parte, ha spinto non poco le persone ad utilizzare i propri dati reali per ciò che riguarda i propri profili online, spesso non è così, ma potresti essere fortunato.

Diciamo che la prima cosa che vieni a sapere di questa persona sono "nome e cognome". Curiosando tra le sue informazioni principali, verrai a scoprire che abita a Cagliari e che ha frequentato un certo tipo di scuola. Se sei fortunato il nick che hai preso di mira ha anche segnato qualche episodio importante della sua vita, che so, fidanzamento o matrimonio, oppure l'inizio di una relazione. E prendi nota di tutte queste scoperte come se tu stessi profilando il soggetto in questione. Potrai probabilmente conoscere la sua email. Facebook te ne mette a disposizione una, ma spesso le persone usano la loro email primaria per "farsi trovare", quindi conoscerai anche un suo contatto specifico al di fuori di Facebook.

Una breve ricerca su "Google" con la sua email potrebbe, nel giro di qualche ora, svelarti dove questa email sia presente, in quali forum, in quali siti o semplicemente se la persona abbia fatto qualche domanda specifica magari all'interno dell'assistenza di Facebook o in rete. Segnati tutto. Se ha chiesto lumi su come aggiustare una lavatrice da qualche parte, potresti riuscire a scoprirne il modello, il motivo del guasto e quanto magari sarebbe disposta a spendere per comprare un nuovo elettrodomestico o per ripararlo.

La persona che osservi potrebbe essere un'assidua frequentatrice e/o venditrice in ebay o potrebbe periodicamente pubblicare annunci sui più importanti portali che lo consentono. Scopriresti in breve tempo cosa sta cercando, cosa vende e in base a qualche suo possedimento potresti farti un'idea del suo stile di vita.

E tutto questo senza neanche ancora visionare le sue foto del profilo.

Da quelle potresti risalire agli amici che frequenta abitualmente (e che probabilmente verranno taggati negli scatti), gli orari che è solita fare quando esce la sera, se è abituata a partecipare a feste o se abbia un locale preferito nella sua città. Riusciresti a capire quali potrebbero essere i suoi film preferiti e se ami andare ai concerti. Se stiamo parlando di una persona fidanzata e/o sposata potresti venire a conoscenza di eventuali figli e/o conoscenti della sua zona che, di conseguenza, potrebbero aver "mappato" la loro amicizia in qualche foto con la tua "potenziale" vittima.

Se solo hai seguito questi semplici passi ti ritroverai con tutta una serie di informazioni riguardo alla persona in questione che ti consentiranno di farti un'idea piuttosto precisa del soggetto che stai osservando. Personalmente conosco utenti che comunicano su Facebook quando escono, dove vanno e, se vanno in vacanza, ti comunicano anche per quanto tempo staranno via. Per un malintenzionato scoprire il loro indirizzo, svaligiare la loro casa durante la loro assenza e magari farsi aiutare da Google map per verificare anche "visivamente" l'abitazione della vittima sarebbe un gioco da ragazzi.

Eppure queste semplici informazioni che hai scoperto solo monitorando un profilo non sono altro che una piccola parte delle informazioni che ci riguardano e che circolano in rete. Se la persona in questione utilizza altri social potresti confrontare il profilo facebook con quello di linkedin oppure verificare cosa posta su instagram. Metti insieme i pezzi e il quadro ti apparirà sempre più sconcertante. E chiunque può fare questa cosa. O meglio, chiunque può "farci" questa cosa.

Perché la discriminante sta proprio li. L'utilizzo che viene fatto di tutte queste informazioni. Per tutta una serie di dati che noi spontaneamente forniamo ai social ci sentiamo al sicuro. Sbagliando. Ma per farci sentire a casa Facebook ci mostra la data di compleanno dei nostri amici, da quanto li conosciamo, se abitano in zona o se hanno i nostri interessi. Le nostre informazioni ci vengono rigirate come utili a confrontarci a vicenda, a trovarci, utili a connetterci con il prossimo. Ma il prezzo di questa connessione quale potrebbe essere?

Quasi mai lo sappiamo e molto spesso lo sottovalutiamo. Le cronache sono piene di spiacevoli situazioni per i quali la nostra "socialità" ha un ruolo rilevante. Certo, fortunatamente la maggior parte delle persone non verrebbe a spiarci e a profilarci per chissà quale intento, ma di fatto è una cosa che avviene tutti i giorni, e da parte di organizzazioni che fanno molta meno fatica a raccogliere una gran quantità di informazioni sul nostro conto.

Tutto quello che noi oggi condividiamo su Facebook, o su qualunque altro social, non lo andremmo certo a sbandierare ai quattro venti al primo che capita. Eppure online lo facciamo continuamente. Senza preoccuparci delle conseguenze. Restiamo solo basiti ogni qual volta al telegiornale sentiamo di persone come noi vessate da commenti razzisti, omofobi, violenti o tartassate da stalker per i quali abbiamo tutte le informazioni possibili ma non siamo in grado di usarle al momento giusto, salvo poi saltar fuori una volta accaduto qualcosa di grave.

In poche parole vendiamo la nostra privacy per un po' di visibilità. E se questa ci viene presentata con una bella confezione siamo maggiormente disposti a cedere qualcosa di più. Lo facciamo sempre, lo facciamo senza pensarci. Fino a quando qualcosa di spiacevole, non necessariamente grave, succede a noi. Solo allora ci ricordiamo che la nostra vita è raccontata, spesso da noi stessi, a tutto il mondo, o a tutti quelli che vorranno scoprire chi siamo.

Andiamo di fatto in giro con il megafono continuando a raccontare a chi incontriamo, qualcosa di noi. Forse per l'innato bisogno di sentirci considerati, di sentirsi amati. Molto spesso le persone sui social dimostrano di apprezzare le nostre "aperture", il nostro "metterci a nudo" e le nostre "fragilità", ma gli spiragli che si aprono a favore di chi ci potrebbe fare del male restano sempre aperti. Sono come ferite che non si rimarginano. Un post rimane finché non lo cancelliamo definitivamente e anche quando cancellato, tracce dello stesso (o copie) potrebbero tranquillamente girare per la rete senza che noi ne siamo consapevoli. E magari saltar fuori quando meno ce lo aspettiamo e in momenti per noi poco opportuni.

71

Gli esempi volendo, si sprecano, ma quello che è fondamentale, e diverrà sempre più importante nei prossimi anni, sarà riuscire a capire che la tutela della nostra privacy non sarà mai un argomento obsoleto e leggero, ma una discussione destinata a influenzare le nostre vite in molti modi e per molti anni a venire. Usare internet senza aver presente questa cosa è come uscire di casa tutti i giorni lasciando la porta aperta confidando che nessuno ci rubi nulla. Riconoscere il lavoro di profilazione, spesso invasiva, che i grandi colossi dell'informatica effettuano nei nostri confronti, distinguere il loro lavoro e le loro finalità, da quelle di probabili malintenzionati, è fondamentale per riuscire a mettere in campo, quantomeno, un certo tipo di difesa. Così come il saper utilizzare la rete, e conoscerne i pericoli, può fare la differenza oggi, ma la farà ancora di più domani.

La riservatezza è sostanzialmente qualcosa che ci appartiene.

E' qualcosa che dobbiamo sentire nostra. Non per isolarci dagli altri, ma per tutelarci da eccessive invasioni che il più delle volte scambiamo per servizi. I colossi della rete lavorano spostando l'asticella del nostro privato sempre di più a loro favore, a noi il buonsenso di non consentire che lo facciano in modo indiscriminato.

Anche se dovesse voler dire rinunciare a qualcosa che a prima vista ci sembra imperdibile, ma che un domani potrebbe costarci caro.

MOBILE FIRST

E' inutile che si faccia finta di non accorgersene o non vedere. In Italia esistono milioni di telefonini con i quali, oggi, facciamo di tutto, compreso navigare in internet. Per uno abituato all'uso del computer come me la cosa resta alquanto indigesta. Eppure uso il cellulare, come tutti voi, ogni giorno. E vedo mio figlio farlo sicuramente meglio di me.

Ma vorrei con voi cercare di analizzare come questo aggeggio ci abbia portato, in pochi anni, ad adottarlo come piattaforma primaria di molti dei nostri gesti online. Chiariamo subito, il telefonino ha sinceramente dei punti di forza difficili da scardinare e sembra fatto per "sposarsi" a meraviglia con determinate applicazioni e/o piattaforme, ma vorrei riuscire ad approfondire ciò che invece, secondo me, viene penalizzato nella fruizione dei contenuti online. E di come le aziende potrebbero sfruttarne le potenzialità, ma soprattutto la diffusione, per arrivare ai loro potenziali clienti o semplicemente fidelizzarli.

Partendo da un punto fermo però, e, come sempre, un po controcorrente. Ritengo infatti che l'utilizzo del telefonino per navigare in rete sia quantomeno frustrante e poco adatto. Vedere internet da uno schermo da quattro o cinque pollici, non è una cosa naturale. Anzi, direi piuttosto fastidiosa. Senza contare che per venire incontro alle esigenze degli utenti online i produttori dei contenuti hanno dovuto scendere a compromessi piuttosto consistenti al fine di intercettare l'interesse del potenziale cliente prima che lo facessero altre aziende.

Ma andiamo per ordine. Una volta, parlo di quasi dieci anni fa, esistevano contenuti che venivano visualizzati sui monitor dei computer dell'ufficio, di casa o in qualche internet cafè. L'azienda o il brand che metteva il suo sito o la sua community online non doveva far altro che gestire una situazione pressoché stardard in quanto a risoluzione degli schermi.

Alla pubblicazione del sito, il tutto veniva ottimizzato perché la sua fruizione rientrasse all'interno delle risoluzioni più diffuse. Questo accorgimento permetteva di non sfasare il proprio lavoro una volta aperto da un dispositivo differente dal quale fosse stato creato. In un secondo momento, e con l'utilizzo di linguaggi web sempre più sofisticati, al lavoro poteva essere agganciato un layout cosiddetto "liquido" che di fatto adattasse automaticamente la nostra presentazione a qualunque risoluzione l'utente possedesse.

Tutto bene direte voi. Peccato che, poco dopo, siano incominciati gli anni della diffusione di massa dei telefonini e dei tablet. A quel punto, il creatore dei contenuti avrebbe avuto nuove piattaforme da testare e più devices da soddisfare con la sua grafica, senza che risultasse distorta e/o corrotta in qualche modo.

Nasceva quella che poi abbiamo riconosciuto come "versione mobile" di un sito. L'azienda produceva contenuti online prima maniera e poi pianificava un versione più "soft" per poter essere compatibile, e quindi apprezzabile, anche su dispositivi mobili. L'esperienza, i programmatori e lo sviluppo costante della rete hanno poi unificato questo processo tanto da proporre veri e propri pacchetti automatici o CMS (Content Management System) di fatto in grado di produrre e "tradurre" i nostri contenuti in una forma adatta alla clientela mobile.

Ogni volta che un utente, da cellulare, avrebbe tentato di raggiungere un determinato sito online, gli sarebbe stata mostrata sullo schermo la versione "mobile" dello stesso. Il che poneva al creator dei contenuti un importante interrogativo. Quali contenuti mostrare all'utente mobile? A quali informazioni dare la precedenza? E quali nascondere e/o rendere meno accessibili a prima vista?

Possono sembrare tutte domande di poco conto, ma non penso sia così. Soprattutto per un'azienda che si trova a dover gestire un potenziale cliente meno attento, e di passaggio, in virtù del mezzo che viene utilizzato per navigare. Così ho provato, da utente, a verificare l'utilizzo e, quella che oggi chiamiamo "usabilità" di un sito, cercando di trovare pregi e difetti in entrambi i mondi, quello alla scrivania e quello mobile attraverso il telefonino. Fermo restando che sono convinto che le maggiori aziende del settore siano, con molta probabilità, quelle che riescano a muoversi meglio in queste situazioni, quantomeno per i budgets a disposizione, ho scelto Amazon per fare la mia verifica e trarre delle conclusioni che potrebbero interessare e/o far riflettere qualcuno.

Allora, partiamo dalla versione che chiameremo "desktop" del sito web. L'home page ci accoglie con una grafica ormai familiare ai più. Amazon consente di essere registrati e venir riconosciuti in tutti i suoi store sparsi per il mondo, quindi, a parte il fatto di poter ordinare o meno qualcosa a secondo della nostra cittadinanza, entrando in ogni sito web dell'azienda si viene accolti da un'interfaccia che chiameremo "familiare". Il marchio in alto a sinistra non tende ad essere invasivo, ma bensì quasi nascosto per lasciar posto a ciò che conta di più per il brand, i prodotti. Una volta che lo sguardo si posa sul menu testuale nella parte in alto del sito sappiamo che possiamo accedere al nostro account, verificare e controllare i nostri ordini o gestire il carrello con pochi clic del mouse. Se invece stiamo cercando qualcosa, appena sopra è chiaramente visibile la barra di ricerca o, sulla sinistra, la possibilità di navigare le categorie in sotto menù testuali.

Punto di forza del sistema desktop quindi una comunicazione con l'utente molto efficace ed immediata e la proposta in contemporanea di offerte o novità tramite una serie di slides che spostano il nostro sguardo verso una selezione di categorie e prodotti che Amazon pensa ci possano interessare. Questa scelta è di fatto dinamica e viene realizzata nel tempo seguendo le nostre abitudini online e tracciando i nostri spostamenti all'interno del sito. Se poi vogliamo, sfruttando il massimo della profilazione che Amazon ci mette a disposizione, possiamo gestire, e di fatto "costruire", una nostra personale pagina di benvenuto nella quale troveremo subito alcuni degli oggetti che ci interessano maggiormente o le categorie che visitiamo abitualmente. Una volta abilitato il browser a mantenere i cookies attivi anche dopo aver chiuso il programma e salvata la nostra password, Amazon ci riconoscerà ogni volta permettendoci di fatto una navigazione più veloce ed efficace. Efficace per noi, perché trascorreremo probabilmente meno tempo sul sito trovando prima quello che cerchiamo ed, ovviamente, efficace per l'azienda che ci potrà guidare meglio nel nostro shopping online.

La prima impressione comunque entrando in Amazon, resta la famigliarità dell'interfaccia, che si ripete per tutti i domini dell'azienda e l'attenzione che viene attirata immediatamente su tutta una serie di prodotti che potrebbero fare al caso nostro. Le immagini hanno un ruolo fondamentale e, considerando una risoluzione del monitor in hd (1920x1080 pixels) abbiamo di fatto la metà dell'home page immediatamente visibile all'interno del browser, mentre scrollare il tutto in fondo alla pagina ci fa perdere poco più di un secondo, un tempo decisamente accettabile per avere una visione d'insieme.

Al tempo stesso, il caricamento del sito avviene, con un browser aggiornato e con una cache che fa correttamente il suo lavoro, in una frazione di secondo. Un ottimo risultato direi per un ecommerce che è di fatto leader nel mercato. Puntando molto su ciò che Amazon vende, l'home page che ci accoglie è decisamente dinamica, colorata e ben configurata per far fare ai prodotti la parte del leone. Sono i prodotti che comunicano e che quindi "parlano" inconsciamente al visitatore, niente descrizioni, niente nomi o dettagli inutili in home page.

Solo se cliccherò su un determinato oggetto potrò scoprirne le caratteristiche, le opinioni di chi l'ha già acquistato ed il prezzo. Il chiaro messaggio di Amazon all'utente che arriva all'interno del loro sito è: "Noi vendiamo di tutto e qui puoi trovare quello che cerchi". In pratica viene fatto dell'assortimento e della possibilità di trovare ciò di cui si ha bisogno un punto di forza. E' come se al navigatore venisse detto: "Vieni da noi e qualcosa che ti piace troverai sicuramente". E così in effetti è.

L'intera impressione di navigazione, comparazione, presentazione dei prodotti e spiegazioni riguardo ad ogni aspetto della vendita viene curato nei minimi particolari e, in caso di bisogno, non si ha difficoltà a trovare o ritornare al punto di partenza per avere maggiori delucidazioni prima di procedere all'acquisto. Il carrello è decisamente funzionale e permette di procedere con il check out nel minor tempo possibile e con il minor numero di click evitando la tipica frustrazione del cliente che non sa come uscire da uno step sempre delicato.

Sostanzialmente, una persona che cerca qualcosa su Amazon, ha la possibilità di farlo agevolmente, viene colpito dalla quantità dei prodotti proposti, ammaliato dalle immagini random e coccolato nella procedura di acquisto e/o restituzione di un bene. Il poter gestire poi una home personalizzata contribuisce a fidelizzare la sensazione del cliente di rientrare in un posto sicuro all'interno del quale fare acquisti.

Insomma possiamo considerare Amazon, al momento, un punto di riferimento per quanto riguarda i siti di e-commerce e il loro utilizzo a livello desktop, sia a livello di progettazione che di servizio al cliente.

Vediamo ora come un utente riesce invece a gestire la sua permanenza all'interno del sito utilizzando uno smart phone che dispone di uno schermo di 4,7 pollici e cerchiamo di capirne le differenze. Premetto che non utilizzerò l'app di Amazon ma semplicemente il browser del telefono come navigatore per poter visionare il portale così come avrei fatto alla scrivania.

Una volta effettuato l'accesso, in modo da farmi riconoscere dal sistema "Amazon", la prima impressione è di scarsità di contenuti. In alto a sinistra compare ovviamente sempre il logo dell'azienda che in questo caso viene affiancato sulla destra da sole due icone, il carrello e il mio account. Appena sotto la barra di ricerca dei prodotti abbiamo la possibilità di cercare tra le categorie e poi la promozione dei contenuti "Prime" che Amazon riserva a chi paga 19.90 euro all'anno forfettarie per le spedizioni. Appena sotto, uno strillo di punta nel quale probabilmente l'azienda ti presenterà il suo nuovo prodotto Fire (o Kindle) e, scrollando con il dito, una serie di prodotti scelti appositamente perché ritenuti idonei ai miei interessi.

Subito mi colpisce il fatto che gli oggetti segnalati non siano mai più di due o tre, inframmezzati da un'offerta, e poi trovo veramente snervante il tempo che ci si metta per scrollare tutta quella che all'intero del desktop avremmo chiamato "Home Page".

Passano diversi secondi prima che si possa arrivare in fondo al sito e lo si fa passando dalle più svariate segnalazioni di prodotti, spesso singoli, e dei quali, la maggior parte delle volte, non ce ne potrebbe fregar di meno. Tornando su, e cliccando per accedere alle categorie, lo schermo del telefono si trasforma in una infinito menù testuale, navigabile si, ma decisamente meno accattivante se paragonato con l'appeal che avevamo provato nella versione desktop.

Abbiamo quindi una prima impressione che non potremmo definire positiva. Subito notiamo una scarsità di contenuti piuttosto rilevante. La versione mobile e la versione desktop sono due mondi completamente differenti.

Se alla scrivania avevamo la sensazione di navigare in un e-commerce pieno di oggetti di ogni tipo e le immagini invogliavano a cercare e a trovare qualcosa che facesse per noi, con la versione mobile sembra di entrare in uno sgabuzzino e dover scegliere quelle due, tre cose che ci vengono messe davanti che sanno tanto di fondi di magazzino.

Ovviamente questa è l'impressione, perché il "negozio" rimane sempre quello in entrambi i casi. Ma inutile sostenere che con il telefonino ci si possa sentire parte di quel sistema "Amazon" che nella versione desktop ci avvolge in modo decisamente più personale e coinvolgente. Se dalla scrivania potremmo passare diversi minuti all'interno del sito per cercare qualcosa che non troviamo o confrontare diversi prodotti per trovare quello più adatto, con il telefonino questa cosa diventa un'agonia, in primis per la vista e poi perché, una volta scelto cosa acquistare, non si ha di fatto una visione d'insieme che ci permetta di vedere in contemporanea altri prodotti. Se nella versione desktop qualunque cosa poteva distrarci e/o invitarci a proseguire il nostro "giro" e i nostri acquisti, con la versione mobile questa cosa viene decisamente meno lasciandoci una frustrante sensazione di abbandono e limitazione dei movimenti difficile da descrivere. Sembra impossibile da credere ma l'immagine, così come la ricordiamo sul nostro pc da scrivania, non la fa più da padrona su un cellulare. Viene meno quindi una sostanziale caratteristica visiva che ci teneva incollati al sito web nella versione originale e che si perde a favore di una semplificazione e schematizzazione che probabilmente ben si adatta allo strumento portatile ma che rischia di perdere tutto il suo fascino iniziale.

Ma non esiste solo questa mancanza... un'altra cosa che ho notato durante l'utilizzo da cellulare, è la costante costrizione che subisce lo sguardo. Se attraverso un normale monitor da scrivania gli occhi possono spaziare a destra e a sinistra e hanno una visione più completa di quello che stanno guardando, con il telefonino l'occhio viene forzato ad una visione molto stretta e generalmente verticale costringendo di fatto l'utente ad un innaturale affaticamento visivo. Le informazioni necessarie alla navigazione, siano esse approfondimenti o caratteristiche del prodotto, vengono poi srotolate una sotto l'altra allungando i tempi di fruizione del contenuto e minando il più delle volte il livello di attenzione rispetto a quello che si sta facendo.

In sostanza, un utente che arrivasse al sito di Amazon attraverso il telefono cellulare avrebbe subito un senso di scarsità delle informazioni, queste sarebbero di fatto incolonnate le une sotto le altre rendendone più laborioso il reperimento e la visione sarebbe generalmente forzata ad un campo visivo il più delle volte verticale. Le immagini poi, che nella versione desktop, sono il cuore della comunicazione del colosso dell'e-commerce, nel mobile divengono parte marginale a favore del testo e di procedure atte a semplificare, a scapito dell'attenzione, l'usabilità del sito.

Messe sulla bilancia, queste caratteristiche sono decisamente meno efficaci di quelle che ritroviamo navigando il sito desktop e di fatto suggerirebbero di per se di cambiare strada. Ma allora perché assistiamo a questo boom dell'utilizzo del cellulare per navigare e partecipare alla vita sociale online? A cosa porta semplificare, fino a togliere gran parte dei contenuti, la nostra esperienza online se utilizziamo una piattaforma mobile?

Inutile dire che, anche in questo caso, i grossi player della rete hanno fatto i compiti a casa per poter arrivare ad un modello di business così scarno ma così funzionale. In primis dovremmo domandarci noi stessi cosa vogliamo ottenere dal nostro cellulare. Se ci riflettiamo un attimo ci accorgiamo che dedichiamo un sacco di ore al nostro telefonino, ma lo facciamo utilizzandolo in decine di modi differenti e con decine di app differenti. Il che non fa altro che spezzettare tutto quello che è il nostro mondo online attraverso il mobile. Per breve tempo usiamo Whatsapp, poi passiamo ad Instagram, controlliamo le email con Google, navighiamo per cercare un hotel a Venezia, usiamo messenger e poi saltiamo a controllare il nostro profilo facebook e via così...

Cosa vi suggerisce questo atteggiamento?

A me l'unica cosa interessante che mi suggerisce è il fatto che la nostra attenzione non resti mai troppo coinvolta, e mai troppo a lungo, su una determinata app o facendo una determinata azione. Ci illudiamo di essere multitasking quando in realtà fatichiamo a fare una cosa alla volta. E a risentirne è la nostra attenzione, o meglio, la nostra capacità di concentrazione.

Quante volte ci siamo sbagliati a mandare un messaggio o abbiamo aperto l'applicazione sbagliata o ci ha innervosito il fatto che il nostro telefonino si piantasse sul più bello facendoci riavviare un'app o l'intero dispositivo? Probabilmente ognuno di noi ha avuto casistiche di questo tipo. Ma sono altresì convinto che nessuno di noi si accorga del deficif di attenzione che ne derivi e di come questa soglia così bassa possa essere usata dai signori della rete per i loro scopi.

Un utente più distratto è quindi un utente che spesso fa cose di getto, senza pensarci troppo, o facile da convincere in un certo tipo di situazione. Sembra di aver descritto il profilo del cliente ideale delle grosse compagnie online. E così è. Noi siamo così. Il telefono ci abitua ad essere scostanti, spesso disattenti, ad avere tutto e subito e a non considerare altre opzioni oltre quelle che abbiamo in mente. Per la maggior parte delle persone è così. E non ce ne rendiamo neanche conto.

Ma le aziende che devono lavorare con il mobile si però. Loro lo sanno bene. Conoscono bene la nostra vulnerabilità quando siamo online attraverso il cellulare. Tendiamo a cercare risposte in modo spesso frettoloso, ad accontentarci delle prime cose che troviamo, a fare scelte d'impulso e nella maggioranza dei casi in "mobilità", cioè mentre facciamo altro. La nostra attenzione non è lontanamente paragonabile alla nostra situazione "da scrivania".

Ecco perché un'azienda come Amazon (e tutte le altre a ruota) non ha bisogno di coccolarci più di tanto se siamo al cellulare. Il nostro device risulta più utile quando ci devono arrivare delle comunicazioni, le classiche notifiche "push". Venire avvisati ha un effetto tranquillizzante, ci conforta, ci segnala che tutto è andato a buon fine. Ma nel frattempo abbiamo fatto nel mezzo decine di operazioni e ad ognuna di esse abbiamo dato un'attenzione differente.

Un sito mobile quindi risponde a precise esigenze di attenzione del cliente, di semplicità e di usabilità che si devono sempre scontrare con il disturbo di altre app che in ogni momento ci possono comunicare qualcosa e che possono interrompere, per esempio, il nostro check out prima che sia completato.

Se alla scrivania siamo ben disposti a dare tutta la nostra attenzione ad un sito come quello di Amazon, quando siamo fuori e usiamo il nostro cellulare, persino il traffico potrebbe distrarre la nostra navigazione. Per le aziende diventa quindi estremamente difficile gestire a lungo l'attenzione del potenziale cliente. Ecco perché non servono tanti orpelli all'interno di un sito per dispositivi mobili. Le informazioni devono essere visibili subito ed essere fruibili nel modo più immediato possibile. Se a casa o in ufficio il tempo medio che passeremmo su Amazon potrebbe essere di qualche minuto per trovare quello che cerchiamo, sul cellulare questo tempo si accorcia drasticamente.

La sfida delle aziende è riuscire, in primis, a catturare l'attenzione del cliente e consentirgli un processo di acquisizione delle informazioni, e sucessiva loro elaborazione, in tempi estremamente ridotti. E per fare questo non servono troppe immagini, non serve essere troppo coccolati, serve essere instradati in un percorso. Ecco allora quel senso di "scarsità delle informazioni" che diventa "l'informazione essenziale", tutto ciò che basta per portarci alla fine del percorso e, nel nostro caso, al check out di Amazon.

Se ci impiegassimo sul mobile lo stesso tempo di quando navighiamo alla scrivania qualunque strategia di marketing andrebbe a farsi benedire. Per la caratteristica stessa del mezzo. Sul telefonino i programmi che girano non sono programmi sono "app". Suono più corto per programmini più snelli. Perchè al telefono non abbiamo tempo. E non ne vogliamo perdere. Navigare con il telefonino non è un divertimento. E difficile lo sarà mai. La risoluzione degli schermi, la loro grandezza e cento altre caratteristiche intrinseche non ne fanno il miglior mezzo per navigare. Eppure, il mondo di oggi, vuole dare allo smart phone un posto "mobile" attraverso il quale poter fare delle cose online.

E come spesso nella grafica, anche in questo caso, "togliere" ha più senso di "aggiungere", "snellire" ha più senso di "appesantire", raggiungere l'obbiettivo in pochi secondi compensa tutte le altre mancanze alle quali non rinunceremmo mai se fossimo ad una scrivania. E' un nuovo modo di pensare e di agire. Snello, agile e veloce. Ma pericoloso. Proprio perché la nostra soglia di attenzione si abbassa e ci abituiamo a prendere decisioni anche in situazioni in cui non dovremmo farlo.

Semplicemente perché, grazie allo smart phone, lo possiamo fare. Quante volte ci siamo pentiti di un messaggio inviato con troppa fretta. Avremmo potuto rientrare a casa e attendere di essere meno nervosi. Eppure avevamo il nostro device a portata di mano, pronto, immediato, al quale non servono tante parole per esprimere un concetto. E l'abbiamo fatto.

Ebbene la facilità con cui ci stiamo abituando a non pensare a sufficienza e ad avere "il mondo in mano" grazie ad uno smart phone, ci sta facendo dimenticare che, di molte delle cose noi facciamo con quel mezzo, sappiamo poco o niente, oppure non ne sappiamo abbastanza. Le facciamo e basta. Senza preoccuparci delle conseguenze.

E' su questa facilità di "fare" e "disfare" che le aziende che lavorano con il mobile fanno i loro maggiori guadagni. Ci accompagnano all'interno dei loro bei "mondi virtuali" quando siamo a casa, ci coccolano, ci fanno sentire a casa. Creano in noi un bisogno di appartenenza e falso controllo e poi, quando siamo fuori, vogliono continuamente essere li pronte a darci una mano, un consiglio, pronte a farci operare con questo o quello, pronte a restringere il loro recinto per farci fare un percorso più immediato, che porti direttamente al risultato, che ci faccia ricevere quella notifica "push" di approvazione, che ci dia la sensazione di avere il mondo in mano.

Tutto bellissimo.

Ma se proviamo ad osservare il lavoro di un contadino che lavora con le sue pecore, potremmo notare delle affinità con la strategia delle grandi aziende online che potrebbero farci riflettere. Inizialmente il gregge numeroso spazia libero per il campo, così come noi navighiamo all'interno di immensi portali da casa, poi però arriva la stagione della tosatura e allora il contadino, con l'aiuto del suo cane, inizia ad indirizzare e recintare sempre di più il percorso delle sue pecore che, poco a poco, si ritrovano a circolare in uno spazio sempre più angusto. Fino a quando le staccionate permettono ad una singolo animale alla volta di passare davanti all'uomo consentendogli di controllarne il flusso e tosarle senza problemi.

Non è forse, seppur metaforicamente parlando, quello che accade quando usiamo il telefonino per navigare? Siti web adattati al mobile, ridotti nelle dimensioni e nelle informazioni non essenziali, ma efficaci nel portarci al risultato, che, guarda caso, è spesso e volentieri quello di proporci o venderci qualcosa?

Ve la sentite un po' di lana in meno addosso ora?

UN FUTURO CONNESSO

Non è semplice fare previsioni su quello che potrà essere il futuro prossimo in ambito tecnologico. Generalmente, quando cerco di immaginarmi qualche cosa che verrà in la con gli anni, guardo uno di quei film di fantascienza. Non sarebbe la prima ne l'ultima volta che questi film anticipino una previsione su ciò che accadrà realmente nei prossimi anni. E' successo più volte. Probabilmente neanche ce lo ricordiamo, ma molte delle cose che vediamo nei film più "futuristici" prendono spunto da studi e progetti che in realtà sono già in corso, solo che sono ancora nascosti al grande pubblico. Altre cose invece, ce le siamo ritrovate completamente sballate, alle volte in modo del tutto inaspettato.

Se dovessi fare un'analisi, oggi, su cosa varrebbe la pena puntare per un'azienda (o un singolo) per riuscire a vivere i prossimi anni da protagonista lavorativamente parlando, farei una specie di mini classifica come quella che segue:

1. Connessione internet alle cose
2. La Voce e gli assistenti virtuali
3. I trasporti super veloci
4. Ologrammi e realtà aumentata

Al primo punto ci ho messo quella che ritengo un'opzione piuttosto ovvia e già in via di sviluppo avanzato. Già oggi è possibile programmare la propria lavatrice con il telefonino, gestirne il check-up e tutta una serie di elettrodomestici hi-end sono in grado di comunicare con "qualcuno" e/o "qualcosa" stando in rete attraverso una connessione permanente. Questo permetterà su larga scala di poter controllare i nostri devices non più intesi come computer e telefonini, ma anche forni, frigo, le luci di casa così come le tapparelle o il portellone del nostro garage, il riscaldamento così come l'aria condizionata. Molte di queste cose già avvengono, quello che avverrà in futuro sarà una maggiore coesione tra le cose, unite dalla rete. In pratica con un unico pannello di controllo si sarà in grado di "controllare" tutta una serie di strumenti che possono essere il nostro microcosmo casalingo.

E' una cosa che avviene spesso in alcuni film di Hollywood e all'interno di abitazioni non certo a buon mercato. L'obbiettivo sarà quello di rendere queste cose disponibili per tutti nell'arco dei prossimi cinque-dieci anni. Quello che oggi risulta essere costoso e alla portata delle tasche di pochi, tra qualche anno diverrà la normalità. Il nostro frigo riuscirà da solo a fare un inventario di quello che manca, ci avviserà delle scadenze prossime e quando andremo in bagno potremo seguire il tg mentre ci laviamo i denti sullo specchio del bagno. Sarà come se la fantascienza entrasse in ogni casa. Una vera rivoluzione di usi e costumi ma, secondo me, il vero problema e quindi ciò che potrebbe rappresentare un ottimo business per i prossimi anni, sarà la sicurezza. Avere tanti apparecchi in costante connessione con la rete esporrà a rischi non indifferenti. Al tempo stesso, e con la stessa facilità con cui oggi vengono diffusi i virus nei computer, i nostri devices saranno esposti a rischi fino ad oggi sconosciuti. Nel senso che non ne conosceremo le conseguenze fino a che una prima serie di questi apparecchi non verrà usata su larga scala. Provate ad immaginare un frigo che, hackerato, facesse salire la temperatura senza apparente motivo consumando di fatto tutto il nostro cibo, o se, al contrario, la abbassasse congelando tutto al suo interno.

Sembra poca cosa, ma sono sicuro che quando tutto sarà in rete la nostra preoccupazione sarà grande, anche perché, molto probabilmente, non potremo staccare tutto quando vorremo. In un certo senso dovremo abituarci a convivere con una versione evoluta dei nostri apparecchi, delle nostre macchine, dei nostri elettrodomestici. Talmente evoluti che alle volte ci spaventeranno. E si troverà sempre qualcuno disposto a far far loro cose per le quali non sono stati progettati. Non mancherà quindi il posto per chi programmerà questi nuovi accessori ne per chi cercherà di mantenerli efficienti ed in sicurezza insieme alle loro applicazioni.

La seconda cosa sulla quale scommetterei è la "voce", o meglio quelli che oggi chiamiamo "assistenti virtuali". Fateci caso, abbiamo iniziato con Siri, poi la cosa si è spostata sui computer ma in realtà è sempre stata li. Utilizzando Chrome è possibile già oggi usare la voce per effettuare ricerche, e quindi domande, al motore di ricerca che vi risponderà parlando un perfetto italiano. E se date un'occhiata alle app che più usate sul telefonino vi accorgerete che molto spesso sono applicazioni che vi fanno "cercare" qualcosa, che vi "forniscono" informazioni. Ma ancora in un modo troppo elaborato per essere all'avanguardia nei prossimi anni. Tempo dieci anni e basterà entrare in casa dicendo "Jarvis accendi le luci" così come faceva Ironman. Succede già, si può già fare. Ma io sto parlando di diffusione capillare tanto da rendere la cosa praticamente di serie in ogni abitazione. Cosa c'è allora che non va in quello che possiamo fare oggi con la voce? In linea di massima i passaggi che vengono richiesti per "interfacciarci" con un oggetto che ci possa rispondere e/o aiutare sono ancora troppi. Troppo spesso esiste un comando "ad hoc" che dobbiamo necessariamente dire per attivare il dispositivo. La realtà è che ci sentiamo ancora troppo stupidi per farlo abitualmente. Non appena questo scalino verrà superato e non occorrerà essere riconosciuti a voce dal nostro impianto, perché magari riconosce, non appena messo piede in casa, un codice in un braccialetto che portiamo al polso, e potremo iniziare una conversazione come se parlassimo ad un amico, allora sono convinto che il business esploderà.

Non mancherà molto. E anche in questo caso le implicazioni saranno enormi. Prima fra tutte decidere dove esattamente il nostro apparecchio cercherà tutte le informazioni. Esisteranno appositi databases specifici? Dalla rete in maniera indiscriminata e magari portandosi dietro imprecisioni varie? Avremo con noi un'enciclopedia virtuale sempre perfetta e pronta a soddisfare le nostre richieste? L'aggeggio imparerà da noi cose che non sa? Intuirà quello che vorremmo sapere prima di terminare la domanda o un discorso? La direzione che stiamo prendendo è quella. Chi agirà nel business della "voce", nel senso di comunicazione e assistenza virtuale, avrà secondo me la strada spianata nei prossimi anni. I grossi player della rete, vedi Amazon, stanno già tentando di rifilarci i loro dispositivi tutto fare ai quali porre le nostre domande. Dispositivi che un domani potrebbero diventare "invadenti". Registreranno i suoni esterni? Riconosceranno il padrone imparando alcune nostre abitudini? Potrebbe essere. Così come potremmo accorgerci che la loro presenza leda pesantemente la nostra privacy. Saremo disposti a cedere l'ennesimo pezzo di "noi" per avere qualcuno sempre a disposizione? Qualcuno sempre disposto a parlare con noi? E in quel caso, prima o poi ci verrà in mente di sostituire le persone in lavori che richiedono semplicemente di dare informazioni? Insomma, la voce e i dispositivi collegati saranno in grado di influire pesantemente sulla nostra vita. Già lo fanno. E lo faranno sempre di più. Oggi sei uno sfigato se non hai uno smart phone, domani lo sarai se non avrai il tuo assistente virtuale sempre con te.

I trasporti sono convinto saranno un altro bel campo di battaglia nel prossimo futuro. Nell'arco dei prossimi dieci anni le auto elettriche diverranno finalmente di largo consumo ma è sull'alta velocità che si giocherà la partita più grossa, sia essa per il trasporto su binario, aereo o su ruote. Il concetto che penso diverrà imperante nei prossimi anni sarà quello di poter essere in più posti distanti tra loro durante la stessa giornata. E questo lo si potrà fare spingendo verso una velocità oggi probabilmente impensabile. E' una cosa che in un certo senso e per certe città riusciamo già a fare. Se considerate che con un treno Frecciarossa si può andare da Milano a Roma in tre ore è facile intuire che c'è tutto un tipo di clientela che può trarre vantaggio dall'essere la mattina a Milano e rientrarci la notte dopo essere passati per la Città Eterna. Ma quello di cui parlo in realtà ha poco a che fare con questo tipo di esempi. Quando parlo di alta velocità intendo una vera e propria riforma del trasposto così come lo conosciamo oggi. Se ai giorni nostri per arrivare prima usiamo le autostrade, un domani useremo delle speciali "condutture" all'interno delle quali sarà possibile spostarsi a velocità mai provate prima. Un'infrastruttura del genere richiederà alcuni decenni per essere ultimata ma permetterà probabilmente ai nostri nipoti di spostarsi da uno stato ad un altro nel giro di poco più di mezzora. Essere in ufficio a Parigi e aver dimenticato un documento a Milano non sarà più un dramma, perché basterà infilarsi in questo sistema di trasporti per tornare a casa e rientrare in ufficio nel giro di nemmeno due ore.

I tempi che si accorciano rappresenteranno una delle maggiori e più brillanti scoperte dei prossimi anni. Schiere di ingegneri e studiosi perderanno il sonno per riuscire a realizzare il sogno dell'uomo di essere in più posti nella stessa giornata, luoghi realmente distanti tra loro. Per i quali oggi dovresti affrontare viaggi di ore. Con l'avvento di quello che probabilmente definiremo "spostamenti", e non più viaggi, cambierà radicalmente il nostro modo di concepire il lavoro. Quello che oggi è ancorato ad una scrivania domani non lo sarà più. Il concetto stesso di lavoro diventerà "mobile". Per produrre non servirà più stare in un posto, ma la maggiore efficacia la si avrà spostandosi. E lavorando in movimento. Così come oggi riusciamo a navigare con il cellulare quando siamo a passeggio nel parco. Domani mentre ci "spostiamo" da Milano a Catania avremo già pianificato una convention, fatto colloqui di lavoro online e insegnato ad una classe di studenti delle superiori collegata con il nostro device in rete.

Staremo "lavorando" in mobilità. Producendo ricchezza. Una ricchezza che difficilmente riusciremo ancora a valutare in soldi e/o moneta ma che un giorno preferiremo calcolare in "valore". Una ricchezza e una "mobilità" che, come tutte le cose in un primo tempo, non sarà alla portata di tutti, ma che come tutte le rivoluzioni epocali, potrebbe portare a sconnettere una parte di noi dalle priorità di ogni giorno, forse per trovarne altre "fittizie". Gli "spostamenti" di domani avverranno in modo estremamente efficiente e probabilmente non ci accontenteremo di esplorare ciò che conosciamo, ma andremo alla ricerca di qualcosa che ci sorprenda. Con tutti i rischi del caso. Inutile dire che in una situazione del genere, nell'arco di dieci-venti anni, tutto il personale e le aziende impegnate nel settore dei trasporti e dell'alta velocità avranno modo di emergere quali salvatori di un mondo troppo lento per continuare ad esistere. E si aprirà l'era della "mobilità" globale.

Non contenti di ciò che ci circonda, tenteremo in ogni modo di ricreare qualcosa, pensando magari di fare meglio di quello che esiste già. Sarà li che andranno ad infilarsi tutte quelle aziende e realtà del settore che si occuperà di realtà aumentata, di ologrammi e/o di proiezioni 3d in grado di rendere visibili e percepibili come reali oggetti, cose e situazioni al di fuori del loro ambito. Le più grosse aziende ci stanno già oggi lavorando e non sono un mistero i primi timidi test dei "Google Glass" in grado di connetterci e fornire informazioni direttamente al nostro sguardo, così come si iniziano ad ammirare i primi video dimostrativi degli "Hololens" Microsoft, veri e propri devices interfacciati con le nostre postazioni di lavoro in grado di ricreare situazioni virtuali alle quali più persone potrebbero lavorare contemporaneamente per poi vederle realizzate nel più tradizionale dei modi. Le applicazioni ovviamente sono tra le più disparate e se oggi il costo potrebbe essere ammortizzato solamente da personale altamente specializzato e di settore, nel giro di cinque-dieci anni penso sarà normale avere in casa o in ufficio un oggetto che ti permetterà di replicare le nostre idee e i nostri progetti nello spazio circostante e poterci lavorare.

Saremo di fatto avvolti dalla realtà come oggi, alla quale si aggiungerà un nuovo livello di realtà (o realtà aumentata) che, nelle intenzioni, dovrebbe facilitarci tutta una serie di compiti lavorativi, ma che piano piano ci servirà anche per insegnare, per far studiare i nostri figli, per giocare etc...

E sarà proprio il mondo del gaming e dell'entertainment in generale che potrebbe avere la sua maggiore spinta nei prossimi anni. Ingegneri di settore dovranno mettere a punto nuove consolle con le quali poter offrire una nuova esperienza di gioco, fluida, in alta definizione e sempre differente. L'entusiasmo poi, ci condurrà a voler creare nel futuro giochi che nascono mentre li giochiamo, senza schemi predefiniti, senza livelli, ma una replica di situazioni casuali così come possono verificarsi nella realtà di tutti i giorni. sarà una sfida che riguarderà ingegneri e designer, ma sopratutto programmatori e grossi brand che si troveranno, tra qualche anno, a dover trasferire tutto il loro catalogo di personaggi in situazioni fino ad allora mai nemmeno pensate. Non sarà una transizione facile, ma sarà sicuramente entusiasmante. Così come nei prossimi dieci anni ci dovremo abituare ad un tipo di intrattenimento totalmente differente da quello che siamo abituati a pensare oggi. Gli ologrammi riusciranno a rendere viva una situazione fino ad allora irrealizzabile. E allora non sarà cosa rara ritrovarsi ad un concerto di un personaggio totalmente irreale (avete presente il film "Simone" con AlPacino?) che si ritroverà ad avere un seguito di milioni di persone, se non miliardi, in virtù di una tecnologia che gli permetterà di eseguire una performance ed interagire con il proprio pubblico in cento città differenti nello stesso momento. La popolarità di domani sarà una popolarità "planetaria", e innovazioni quali la realtà aumentata e gli ologrammi rischieranno un giorno di mettere in ombra gli artisti come li conosciamo oggi a favore di personaggi inventati e plasmati sui gusti e sulle preferenze del pubblico.

Avere l'artista perfetto non sarà più un sogno ma diventerà realtà. Sempre pronto ad esibirsi, sempre pronto a farci un concerto privato che potremo gustare tra le nostre quattro mura domestiche e sempre pronto ad essere cambiato se all'improvviso ci annoiasse. Domani sceglieremo il nostro divertimento come oggi scegliamo un film su "Netflix". Sia esso qualcosa da guardare, sia qualcosa con cui dovremo interagire in qualche modo. Tra qualche decennio poi avere un proprio alter ego che ci assista così come qualche anno prima magari avrebbe fatto un assistente virtuale sarà cosa normale. Allontanerà tutto ciò la percezione di "umanità" tra le persone?

Ci ritroveremo tutti la sera a parlare con una proiezione bellissima e disposta a farci passare una splendida serata rifiutando le video chiamate della nostra abituale fidanzata? Probabile. Così come sarà probabile che all'interno di tutti questi sistemi atti a "ricreare" la realtà si possa sempre nascondere una qualche forma di controllo più o meno velato e una possibile compromissione che potrebbe avvenire a causa di terzi. Per capirci, al ladro del futuro basterà scaricare i contenuti della nostra assistente virtuale per poterci ricattare. Arriverà un tempo in cui la cosa maggiormente rubata saranno i "contenuti", perché sarà a quelli che inizieremo a dare maggior valore. Più di ogni altra cosa. Stabilire, ma soprattutto saper mantenere un equilibrio tra le cose, dipenderà solo da noi.

LA PAGHEREMO CARA?

E' da un po' che seguo le pubblicità di Apple per quanto riguarda la loro applicazione per pagare direttamente con il telefonino in modalità wireless. Sembra tutto interessante. Utilizzo un conto paypal da anni, pago con carte di credito e bancomat e ho salutato con piacere il fatto che non servisse più "strisciare" la carta ma bastasse posarla sopra al lettore per pagare la nostra spesa in modalità wireless.

Eppure c'è qualcosa che ancora mi turba in queste cose. Sarà la fase di transizione che stiamo attraversando, sarà il fatto di venir da decenni in cui si è pagato in un modo e ora ci si trova a dover fare i conti con un sistema molto diverso. Se fate una piccola statistica scoprireste che la maggior parte delle persone anziane diffida del bancomat, non lo usa o non lo sa usare e, quando è costretta a farlo, è facile si senta a disagio. E' un po lo stesso discorso che facciamo quando vediamo la fila dentro gli uffici postali il giorno in cui si pagano le pensioni. Subito il nostro pensiero va al fatto del perché queste persone non si facciano accreditare quello che gli spetta direttamente sul conto. Hanno semplicemente paura. Paura di perdersi qualcosa, di non avere i soldi in mano subito, di perdersene qualcuno per strada o di doverci poi stare attenti una volta accreditati. Sentono i loro soldi lontani in quel modo. Andarli a prendere in posta ogni mese e farseli consegnare per loro è una sicurezza, hanno sempre fatto così.

E la popolazione italiana è composta in gran parte da anziani visto che, sempre più spesso, non si mettono al mondo dei figli.

Cosa dovrebbe suggerire a noi questa cosa?

Beh, direi che possiamo esser certi che qualunque innovazione che abbia a che fare con il denaro e/o i pagamenti impiegherà più tempo che negli altri paesi per essere assimilata e diffusa alla gente come abitudine. Una popolazione più vecchia è necessariamente più refrattaria alle novità, soprattutto se queste sono tecnologiche, e riguardano il modo in cui le persone si troveranno a gestire i loro soldi. Sono delle piccole rivoluzioni che possono diventare grandi drammi per le persone meno preparate. Ed è una situazione che dobbiamo aver ben presente ancora prima di annunciarli questi sconvolgimenti. Perché potrebbero costarci caro.

Insieme alla pubblicità che citavo prima, e con qualche mese di anticipo, avevo guardato con interesse, misto a preoccupazione, all'idea di Amazon di aprire in USA il suo primo supermercato nel quale non esistono le casse ne cassiere ma il tutto viene gestito dal nostro telefonino, "Amazon Go". Noi entriamo nello store (fisico), ci autentichiamo attraverso il nostro "account" Amazon e da quel momento possiamo iniziare a scegliere i nostri prodotti da mettere nel carrello. Sarà sempre il nostro smart phone a "registrare" e "sommare" i vari acquisti. Al momento del check out, presumibilmente prima di andarsene, Amazon addebiterà il conto sulla carta di credito associata al nostro account, di fatto pagando la nostra spesa.

Bellissimo mi sono detto subito. Proprio come nei film. Certo, solo che nei film, proprio perché tali, spendere 10 euro e 2000 euro ha lo stesso valore. Si sta girando una scena, nessuno andrà in bancarotta ne rischierà di farsi bloccare la carta o altro. Nella realtà ho cercato di pensare a cosa mi disturbasse così tanto di questa mirabolante rivoluzione. Cercando di essere obbiettivo. Non sono contro le innovazioni ne tantomento il progresso, quello che mi spaventa, per me e per i miei figli, è qualcosa che possa arrivare a controllare così nel profondo i nostri atteggiamenti da non riuscire più a farne a meno costringendoci ad interagire in precisi schemi che attivano determinate funzioni e che hanno, o possono avere, pesanti ripercussioni.

La prima domanda che mi viene spontanea è fin banale e quasi da sindacalista mancato, ma le cassiere quindi che fine faranno? Non quelle del futuro, ma quelle di oggi, che già nei supermercati si vedono scavalcare dai primi apparecchi automatici che sommano ed imbustano al posto loro. In che modo il loro lavoro potrà essere riqualificato? Un discorso che sarebbe lunghissimo e divagante quindi torniamo nel merito della questione tecnologica e dei suoi aspetti fondamentali.

Chiediamoci... a cosa si potrebbe andare incontro se questa situazione fosse da domani uno standard di fatto?

Innanzi tutto è d'obbligo specificare che l'esperimento di Amazon non è ancora andato in porto. Lanciato a Seattle su una superficie di poco più di 165 metri quadrati, e aperto solo ai dipendenti dell'azienda, sembra, al momento in cui scrivo, che qualcosa sia andato storto, probabilmente problemi con la gestione dei totali della spesa in virtù dei troppi clienti contemporanei. Con oltre venti persone il sistema non sarebbe più in grado di gestire tutti i processi contemporaneamente, se i prodotti vengono spostati dalla loro posizione originale inoltre, il loro riconoscimento, la loro tracciabilità, viene fortemente messa in discussione. Risultato? Il primo "Amazon Go" dovrà attendere ancora un bel po prima di venir diffuso in tutto il mondo.

Ma facciamo finta che tutta questa tecnologia sia oggi in grado di fare quello che promette Amazon e che lo store sia realmente aperto ed operativo nelle nostre città.

La prima cosa che occorrerà fare sarà dotarsi della speciale app con la quale il nostro telefono gestirà la visita al negozio. Un'interfaccia del genere è molto probabile che richieda un sistema Android (o Apple) sul proprio device, di ultima generazione. Difficile predire che con un vecchio telefono di qualche anno fa potremo acquistare tranquillamente. Sarà più facile venir e-sclusi da questo tipo di possibilità.

Ma noi abbiamo uno smart phone di ultimissima generazione e quindi non ci sono problemi a scaricare l'app e a gestire il tutto con il nostro telefono. Abbiamo il necessario affinché ci si possa lanciare in uno shopping selvaggio proiettati nel futuro. Ah no, manca un'altra cosa fondamentale. Per poterci riconoscere il sistema ha bisogno di tutta una serie di nostri dati (ma dai?), carta di credito compresa. In pratica dovremo avere un account presso Amazon. Avete mai comprato dal colosso americano online? Se si, sapete benissimo di cosa stia parlando, se non lo avete mai fatto, occorrerà registrarsi al fine di farsi riconoscere dal sistema. Ma principalmente per consentire al software di "addebitare" agevolmente il totale della nostra spesa.

I primi problemi quindi che si pongono sono che, se vogliamo utilizzare questa nuova opportunità, dovremo per forza di cosa possedere un telefonino di ultima generazione, avere una carta di credito e un account aperto presso Amazon.

Ad oggi, se chiedete ai vostri amici, potrebbe stupirvi il fatto che non è detto tutti soddisfino queste condizioni. Molti potrebbero avere un telefonino non proprio nuovissimo e quindi non in grado di gestire l'app, o forse non aver mai aperto un account su Amazon. I più giovani, quasi sicuramente, non avranno una carta di credito. Una situazione del genere crea in sostanza un senso di "disuguaglianza sociale" su un argomento, la spesa, di ampio respiro e che riguarda tutti noi. Sarebbe come dire che in un certo supermercato le persone con la chioma riccia non potessero acquistare se non prima passando da un parrucchiere che gli "stirasse" i capelli. E', quantomeno all'inizio, una cosa antipatica. O almeno io la vedo tale.

Ma la criticità di programmi e procedure come queste stanno nell'infondere al cliente e/o utilizzatore, un falso senso di libertà e innovazione che spesso va a braccetto con lo svuotamento del suo portafoglio senza che se ne accorga. Un utente mediamente giovane sarà sicuramente attratto dal poter entrare in questi "Amazon Go", rifornirsi ed uscire come se niente fosse. Non è la novità a spaventare questo tipo di target. Ma potrebbe farlo la gestione del proprio budget. Una spesa fatta in questo modo è si più veloce, facile e forse appagante, ma tende a spostare ad un momento successivo l'attenzione verso il costo dei prodotti e la loro qualità.

Quello che appaga il consumatore, e che serve da leva piuttosto potente in situazioni come queste, è proprio il farci credere di essere "dentro" al futuro, di far parte di quei pochi eletti che potranno usufruire del servizio, di quelle persone che stanno avviando la rivoluzione.

Ma non siamo noi, come spesso accade, a fare le regole. Già solo per poter accedere a questi store occorrono passi preventivi che non sono stati decisi da noi. E ai quali siamo obbligati a sottostare. Così come il fatto di far sapere ad Amazon, tanto per cambiare, se ci piacciono le patatine fritte o preferiamo comprare una scatola di biscotti. Nel giro di poche settimane, il colosso americano verrebbe a sapere di noi cose che probabilmente anche noi stessi ci scorderemmo, cosa abbiamo mangiato, cosa compriamo abitualmente, se nei week end preferiamo cucinare qualcosa di speciale nonché tutte le cifre che accompagnano la nostra spesa annuale e in cosa è suddivisa. Se ci pensiamo un attimo è una quantità enorme di dati che si vanno ad aggiungere a quelli che Amazon sa di noi direttamente dal sito web, quando compriamo da loro magari, un nuovo modem. L'insieme di queste informazioni dipinge di noi una fotografia perfetta, con pregi e difetti, ma soprattutto con vulnerabilità e debolezze che verranno sfruttate non appena possibile da chi con questi dati ci lavora.

Sembra tutto bello, e sicuramente lo sarà, ma ancora una volta daremo in pasto ad un unico soggetto, un altro pezzo di noi. Usando poi il nostro telefonino di fatto come "portafoglio virtuale" ne saremo ancora maggiormente ossessionati rispetto a quanto possiamo esserne oggi. Cosa succederebbe se il nostro device ci venisse rubato e pochi minuti dopo qualcuno entrasse con le nostre credenziali nel primo "Amazon Go" che incontra? Qualcuno all'ingresso lo riconoscerebbe o saprebbe che non è il padrone del cellulare? Una volta passati i tornelli identificativi potrebbe far addebitare il contenuto della sua spesa all'uscita senza battere ciglio o ci saranno, come presumo, ulteriori step che in qualche modo, dovranno gestire la sicurezza delle operazioni?

Non sono interrogativi da poco, così come viene normale rispondere che sicuramente Amazon avrà previsto il fatto di dover digitare dei codici per autenticarsi e/o per poter autorizzare il pagamento della merce, ma sappiamo tutti che trovare in un sistema qualcosa che non vada e sfruttarne le falle, sarà lo sport del prossimo futuro. In un mondo che si avvia verso comunicazioni e transazioni tutte digitali, ci sarà sempre qualcuno in mezzo che cercherà di intercettare i nostri dati, di carpire le nostre informazioni o manomettere i nostri apparecchi per poterne usufruire in modo disonesto.

E queste iniziative, seppur lodevoli e che non possono essere certo fermate, non fanno altro che incentivare questo tipo di curiosità perché in qualche modo sembrano rendere le responsabilità più impalpabili e tutto più "intangibile". Tranne quando, uscendo dal nostro store, ci accorgeremo di aver speso una bella cifra di soldi "reali". E' una responsabilità differita che ci costringerà a prestare più attenzione a quello che faremo con il nostro portafoglio elettronico, così come oggi custodiamo una carta di credito, domani custodiremo un telefonino, perché alla fine permetterà di fare le stesse cose e, molto probabilmente, tante di più. Un'attenzione, che come ho scritto all'inizio del capitolo, non potrà essere richiesta ad una popolazione anziana, semplicemente perché, in virtù proprio dell'età, non potrebbe reggere il peso di questa responsabilità.

Innovare quindi in questo modo, a mio parere, dovrebbe sempre tener conto del divario che si verrà a creare tra chi potrà accedere in modo efficace ai nuovi servizi e chi, per forza di cose, ne sarà escluso. Questo divario è destinato oggi a crescere sempre di più. E non porta con se situazioni idilliache. Comprendere ed aiutare una popolazione non più giovane ad inserirsi in un ambiente che diventa sempre più tecnologico potrebbe diventare nel prossimo futuro un business non indifferente. Perché è vero che il progresso non può essere arrestato, ma se parliamo del nostro paese, forse varrebbe la pena inventare qualcosa che si rivolgesse specificatamente alla maggioranza della popolazione. Perché, ahimè, il nostro non è un paese per giovani e certe rivoluzioni spesso portano a disuguaglianze sociali difficili poi da gestire. O che potrebbero costare care.

UN SELFIE CI SEPPELLIRÀ'

E' una delle cose che più faccio fatica a comprendere. Sarà per via dell'età, sarà perché forse appartengo ad un'altra generazione. Ma questa cosa dei selfies penso che non abbia alcun senso. E cercherò di spiegarlo a modo mio. Non mi è mai piaciuta l'auto celebrazione ne la vanità fine a se stessa ma è la strada che la diffusione abnorme dei telefonini e i social ci hanno fatto prendere, almeno alla maggior parte delle persone. Ed è una cosa che ha cambiato profondamente il nostro costume. Qualche settimana fa ho visto le riprese di un concerto, non ricordo chi fosse l'artista, ma quello che ricordo bene è la marea di mani alzate con i telefonini a filmare e fotografare. Mi ha preso la tristezza. Praticamente il concerto non viene più seguito, si sta attenti all'inquadratura, magari per delle ore con il braccio alzato. Per un attimo la cosa mi ha fatto venire in mente quando, da ragazzo, esistevano i bootlegs, quelli veri, quelli che venivano registrati da un tipo nelle prime file che riusciva ad introdurre in qualche modo un registratore allo stadio o nel palazzetto. In quel caso, ho pensato, la cosa aveva un senso... ma oggi?

Che senso ha riprendere con un cellulare, e per giunta in modo approssimativo, uno spezzone di un concerto per poi magari postarlo su facebook o su youtube insieme ad una serie di persone che hanno, di fatto, il nostro stesso filmato? La soddisfazione di dimostrare di esserci stati è più forte del contenuto del concerto. Perché se un cantante merita e il suo spettacolo anche, lo si ammira, lo si ascolta, non si passano le due ore sotto il palco con il telefonino in mano.

Sinceramente trovo che sia deprimente anche per l'artista stesso. Una volta era lui che poteva interagire in qualche modo con il suo pubblico, poteva guardarlo negli occhi, almeno le prime file, poteva vedere il suo pubblico cantare con lui. Ora quello che gli si presenta davanti è un muro di telefonini che cercano di immortalarlo, non interessa cosa stia facendo, tanto verrà tutto registrato. Casomai poi ce lo si riguarda a casa. Ma quanti di noi poi si riguardano queste cose? Non lo facciamo neanche per averne un ricordo, ma semplicemente per far sapere agli altri che noi eravamo li e non vediamo l'ora che qualcuno ci invidi per questo.

Ma fatevi una domanda... dovremmo invidiare qualcuno che è stato due ore con il braccio alzato ad un concerto nel tentativo di rubare qualche scatto del proprio idolo? Sinceramente dubito.

Avere il cellulare in mano e usarlo per i selfies e questo tipo di cose non è altro che soddisfare il proprio ego. E non parlo di scattarsi una foto ogni tanto con la famiglia perché si è andati a Gardaland. Parlo proprio di foto senza alcun contesto, ne senso, che sembrano solo voler ricordare agli altri "ehi siamo ancora qui, ci siamo anche noi".

Più ci penso e più mi convinco che abbiamo una paura fottuta di essere dimenticati. E con i selfie cerchiamo in ogni modo di far vedere agli altri che ci siamo, che dovrebbero dirci qualcosa, che dovrebbero farci sentire vivi.

E' una brutta condizione della quale non ci rendiamo conto. Lo facciamo come se fosse un gioco ma nasconde spesso, non sempre, un disagio profondo. E la tecnologia in questo senso non aiuta. Anzi. Negli ultimi anni ha fatto di tutto per soddisfare il nostro narcisismo e il nostro voyeurismo. Perché solo di quello si tratta. Facebook, Instagram, Snapchat e applicazioni del genere hanno dato il via alla possibilità di "essere presenti" pur non facendo niente di buono. Ma il problema non sta li, ma sta nel fatto che mentre ci facciamo un selfie, nella maggior parte dei casi, non stiamo facendo effettivamente niente di buono perché ci priviamo del tempo che potremmo utilizzare per fare cose di cui andare fieri.

Se avete qualche amico/a che pubblica tanti selfie sui social, provate a contare quante fotografie abbia scattato in un determinato lasso di tempo, che so, ventiquattro ore. Poi cercate di fare un calcolo del tempo impiegato per scattare quelle foto. Probabilmente rimarrete esterrefatti di venir a sapere l'ammontare del tempo passato con il telefono in mano facendo di fatto sempre la stessa cosa e, nella stragrande maggioranza dei casi, nulla di rilevante.

Vogliamo essere ricordati per le cose sbagliate. E pensiamo che la strada più facile sia quella di usare il nostro telefono per farci un selfie. Ma mentre ci fotografiamo in continuazione non stiamo facendo niente di utile, anzi. Stiamo togliendo tempo a cose ben più importanti. A questo punto i sostenitori di questo comportamento potrebbero insorgere sostenendo che tutte le foto scattate fanno parte della loro vita, rappresenteranno un archivio e un ricordo per i posteri, situazioni da riguardare così come si faceva una volta con le fotografie stampate.

Siete sicuri di questo?

Quante volte avete sentito di amici che hanno perso tutte le foto sul loro telefonino? Gli smart phone si cambiano periodicamente, spesso le foto si cancellano perché la memoria incomincia a scarseggiare e non si ha l'accortezza di "salvare" tutti i nostri scatti. Ne ovviamente di stamparli. Scattiamo ormai migliaia di foto al mese, per le persone che usano i selfie in continuazione, e non basterebbero ore per riuscire a riguardare tutto il nostro materiale di un anno. Ma soprattutto noi non "perderemmo" mai ore a riguardarci. La stessa durata temporale del selfie è decisamente breve. Il nostro telefono immortala noi in un momento preciso, ad una festa, con un cantante etc... mentre lo scatto successivo di qualche ora (o minuto) dopo ci rappresenterà in un altro atteggiamento che considereremo più importante di quello precedente. Più la nostra vita è frenetica e meno faremo attenzione ai nostri selfie. In sostanza più scatteremo fotografie e meno avremo tempo di guardarle e dar loro la giusta importanza. Ci ritroveremo semplicemennte con il telefonino pieno di scatti senza neanche sapere il perché.

E' ovvio che io stia parlando di quei soggetti che fanno dei loro selfie una ragione di vita, le persone che ogni tre per due vogliano far sapere agli altri cosa stanno mangiando, dove sono, con chi sono o come son vestiti. E questa situazione spinge le persone a scattare foto sempre più particolari e/o improbabili attraverso i social. Perché farsi un semplice selfie non è più abbastanza. Dopo un po le foto vanno ritoccate, bisogna trasformarsi in un cartone animato o fotografarsi le gambe quando si è in spiaggia. Ma a che pro? Nascono decine di app per filtri, molteplici occasioni di condivisione dei nostri scatti e noi subito pronti a cascarci con tutti e due i piedi.

Ma cosa pensiamo di ottenere?

Immortalarci in una particolare situazione o al mare con gli amici può avere il suo senso, a qualcuno potrebbe fare invidia, magari le proprie foto sono anche artistiche. Ma se poco dopo iniziamo a postare anche quello che abbiamo mangiato con i nostri amici, quando siamo andati in discoteca, quando siamo rientrati in albergo e prima di dormire, il senso dove sta? Se non nel far sapere a tutti che invece di stare con gli amici siamo stati tutto il tempo con il telefono in mano.

In pratica è come se ci fossimo illusi tutti di poter lavorare con la nostra immagine. Cosa che ovviamente è ben lontana dalla realtà. I personaggi famosi possono permettersi di fotografarsi in ogni dove, non noi. Semplicemente perché loro stanno sponsorizzando un brand personale che li farà lavorare, spesso e volentieri indossando abiti per i quali vengono pagati. Il "loro" mostrarsi ha un fine economico. Ha un valore. Il nostro, no.

Abbiamo l'illusione di essere i nuovi Johnny Deep e la nuova Beyoncé quando ci scattiamo un selfie, ma la realtà è che se i nostri amici e contatti su facebook dicessero realmente quello che pensano del nostro scatto, nel giro di qualche giorno non toccheremmo più il telefono. Ci avete mai fatto caso che nel 99% dei casi i commenti ai selfie delle persone sono positivi e stimolano a ripetere l'operazione? Dico io, ma è mai possibile che, di fronte ad una foto (o ad un soggetto) decisamente bruttina nessuno abbia il coraggio di dire quello che pensa? Non avete mai avuto la tentazione di commentare una foto invitando il soggetto ad astenersi dal continuare? Eppure in questo senso il popolo che lavora con le immagini sembra essere estremamente solidale, persino di fronte a difetti evidenti si è tutti "un amore" o "bellissimi". Ma siamo sicuri che il mondo sia popolato da tutta sta gran bellezza e comprensione?

O che non si sappia benissimo che la maggior parte delle persone non si ritenga all'altezza e quindi si dia per scontato che, in mezzo ad un mare di persone "cosi cosi" sia più accettabile considerarsi tutti belli? Della serie i miei commenti sono positivi sotto i selfie degli altri perché così gli altri un giorno ricambieranno il favore quando pubblicherò la mia foto in mutande in salotto. E' come dire che una mano lava l'altra. Ci si aiuta a vicenda insomma. Ma ancora mi sfugge il perché.

Visto che la maggior parte delle persone che si fa selfie in continuazione non lavora con la propria immagine quale sarebbe lo scopo di continuare ad immortalarsi più volte al giorno senza un apparente motivo? Soprattutto se questo avviene in situazioni che non sono di fatto il ritratto di un "momento particolare", ma solo sfoggio della propria vanità.

Purtroppo anche di questo semplice gesto, che molti di noi compiono in continuazione, non comprendiamo i risvolti che internet può far emergere a nostra insaputa. Le immagini che carichiamo sui social, pur rimanendo di nostra proprietà, vengono a far parte dei contenuti che la piattaforma può far circolare per gli scopi segnalati nella sua policy, informativa che abbiamo accettato e con la quale siamo scesi a patti pur di entrare nel magico mondo della effe di Mark Zuckerberg. Non è di molto tempo fa l'ennesimo allarme alle famiglie e il conseguente invito a non caricare foto di minori sui social. Ovviamente, come spesso accade, questi avvertimenti passano del tutto inosservati fino a quando qualcosa di spiacevole capita a noi o a qualcuno dei nostri famigliari.

Ma è una cultura dell'immagine che porta benefici solo a chi, con le immagini, ci lavora. Agli altri fa solo credere di avere qualcosa da dire, e il più delle volte non è così. Ci accontentiamo di un like, di un complimento di un perfetto sconosciuto, di quanto basta a coltivare il nostro ego fino al prossimo scatto. Ma la verità è che stiamo passando intere ore con il telefonino in mano. E la domanda che ci dobbiamo porre è: "Ma cosa mi sto perdendo?" e "Cosa potrei fare con tutto il tempo passato a farmi selfie?" Sono sicuro che, pensandoci, ci verrebbe in mente qualcosa di più utile che stare davanti ad uno schermo. Senza che questo tipo di comportamento arrivi ad esagerazioni poi difficili da limitare.

Quante volte sui social abbiamo visto fotografie scattate a mo di selfie da persone testimoni di una qualche tragedia o di un fatto particolarmente pericoloso? Quante le persone, che invece di intervenire in situazioni che avrebbero richiesto intervento, si sono limitate a "riprendere"? Basterebbero questi semplici esempi per vergognarsi e cambiare abitudini se non fosse che la tendenza a diventare protagonisti ci abbia abituato a voler "dare" la notizia invece che "leggerla" da altri, nel caso ci si presentasse l'occasione. E' la cultura dell'ego che si fa strada, esserci diventa più importante che tutto il resto. Non importano le conseguenze. E non importa spesso cosa si stia fotografando.

E' il telefonino che guida le nostre azioni, non più il cervello in quel caso. Sono il nostro ego e la nostra vanità che spingono per essere accettate dagli altri attraverso i nostri selfie. Viviamo speranzosi di ricevere un commento o un like come una droga, ci fotografiamo in pose sempre più ardite perché tanto lo fanno anche gli altri, non importa la dignità, e non importa se quelle foto rimarranno in rete per anni come ricordi indelebili. Noi a cancellare i selfie degli ultimi anni dal nostro telefonino e i social a raccogliere tutto ciò, meglio di quello che faremmo noi stessi, pronti a ricordarci un momento, a farci sentire grati per averci conservato magari uno dei nostri ricordi peggiori. Non importa se lo vedremo noi, non importa se lo vedranno i nostri figli o il nostro futuro datore di lavoro. Basterà esserci stati, almeno per un momento saremmo stati noi i protagonisti.

FAKE NEWS

E' un problema che ci riguarda tutti. E che si è acuito con la diffusione incontrollata di questi ultimi anni dei social, in particolare Facebook. Attenzione però, non sono i social a generare notizie fasulle. Ma questo tipo di notizie sfrutta una delle qualità maggiori di queste piattaforme online, il fatto di rendere tutto "condivisibile" e in "brevissimo tempo". Quello che parte da un remoto server in Alaska potrebbe finire segnalato da un qualunque utente sul proprio profilo, condiviso e poi commentato da decine di persone senza spesso rendersi conto come si stia dando spazio alla formazione di un pensiero "deviato", di una notizia "profondamente distorta" o, nella migliore delle ipotesi, "fasulla" o "inesistente".

Detto questo possiamo subito distinguere un paio di discriminanti fondamentali. Questo tipo di situazioni possono proliferare grazie al verificarsi congiunto di due condizioni: il mezzo, in questo caso Facebook, e l'ignoranza delle persone. Si, purtroppo è così, ma se ci facciamo un semplice esame di coscienza noteremo come, la maggior parte delle volte che siamo caduti nella trappola di una fake news, è semplicemente perché ignoravamo la notizia o non saremmo stati comunque sufficientemente preparati ad affrontare l'argomento. Di conseguenza, e non sapendone molto, ci fidiamo di quello che ci viene detto. E' un atteggiamento stupido, lo sappiamo, ma lo perpetuiamo in continuazione quando siamo in rete.

Vi è mai capitato di leggere notizie in cui un certo esponente politico sembra aver apostrofato un rivale in modo decisamente colorito o, a prima vista, fuori da ogni logica? Lo so cosa state pensando, la politica purtroppo ci ha abituati ad atteggiamenti dei suoi esponenti che spesso e volentieri non si possono definire "edificanti", ma avete mai avuto la sensazione che il titolo altisonante nascondesse in realtà tutt'altro? La domanda che ci dovremmo porre è quella di chiederci se pensiamo effettivamente che quel tal politico possa veramente aver insultato così platealmente un rivale innanzi tutto. Ad una persona competente in materia, ed informata sull'argomento, la notizia probabilmente non apparirebbe affatto eclatante.

Un individuo che seguisse la politica, nella maggioranza dei casi, già sarebbe a conoscenza dell'accaduto e quindi avrebbe delle informazioni "in più" per decifrare la fake news ancor prima di cliccare sul link e fiondarsi a leggere un articolo così scandaloso.

Oppure vi siete mai soffermati, e magari avete aperto curiosi, un post in cui si balenasse il fatto che un'anaconda gigante potesse aver inghiottito un leone, magari con tanto di foto fasulla? La curiosità, che è insita in ognuno di noi, spinge la maggior parte delle persone a verificare se la cosa possa essere vera o meno, soprattutto se la notizia venisse proposta in modo originale. Peccato che tutti noi dovremmo fin troppo bene sapere che i serpenti, seppur enormi come le anaconda, non si nutrano di leoni, ne che la loro carne rientri nella loro alimentazione. Dopodiché potremo soffermarci sulle reali dimensioni di un leone e sulla sua agilità che, molto probabilmente, gli permetterebbe di sfuggire all'eventuale attacco di un'anaconda. L'habitat dei due animali poi, differisce non di poco, la possibilità che possano obbiettivamente venire a contatto e scontrarsi sarebbe di fatto inesistente. Eppure, pur di fare questo ragionamento che ho appena snocciolato, e che dovrebbe avvenire in una frazione di secondo in una persona mediamente informata, preferiamo andare a vedere cosa ci riserva il link con il serpente gonfio fino all'inverosimile, perché non si sa mai possa essere un fatto realmente accaduto.

Entra infatti in gioco un'altra variabile altrettanto potente come le prime due. Al "mezzo di diffusione" e alla "nostra ignoranza" si aggiunge la "curiosità", uno stimolo talmente forte che se annotassimo tutte le volte che questa abbia avuto il sopravvento nello scegliere cosa guardare ci metteremmo le mani nei capelli. Fateci caso, la metà del tempo che passiamo in rete e la metà delle scelte che facciamo, soprattutto quando l'attenzione è minore o in determinati orari della giornata meno impegnativi, sono dettate dalla nostra curiosità.

E' così che abbocchiamo ad ogni genere di cose, è così che gli Youtubers più sgamati riescono a catturare la nostra attenzione ed è così che molti di noi, spesso inconsapevolmente, formano poi le proprie opinioni a riguardo di un dato argomento. E spesso partendo dalle premesse sbagliate.

Ma quindi, perché mai il web ci dovrebbe bombardare di notizie fasulle? La riposta è purtroppo semplice. Ciò che attira l'attenzione, genera interesse e quindi seguito. Il seguito genera "traffico" e il traffico è possibile gestirlo in qualche modo così come viene più facile manipolare e/o modificare la nostra percezione delle cose e/o la nostra opinione all'interno di un alto gruppo di persone. Tutto viene quindi fatto per prenderci in giro o farci cambiare idea su qualcosa? Ni.

In primis esistono vere e proprie "farm" del falso. In molti casi aziende e/o organizzazioni che hanno come scopo quello di guadagnare dalla creazione di contenuti fasulli e/o possibilmente verosimili ma in realtà lontani dalla realtà. Questo tipo di mercato è in grado di spostare e generare numeri di traffico molto elevati e come tale in grado di condizionare, in modo o nell'altro, la percezione che abbiamo di una notizia. Si sono poi sviluppate negli anni in rete vere e proprie web company che fanno della notizia bufala il loro business. Un business che ha sempre a che fare con introiti pubblicitari.

E' palese a tutti il criterio secondo il quale una fake news possa generare migliaia di contatti. Questi click vengono traghettati, una volta abboccati alla notizia, ad una "landing page" (pagina di arrivo) piena di contenuti pubblicitari. Il più delle volte per riuscire a seguire l'articolo originale occorre fare lo slalom tra popup, banner ed avvisi di ogni tipo ma, per chi sta dietro a tutto ciò il gioco è già fatto, e noi, ignari utenti abbiamo comunque visualizzato tutta una serie di messaggi dei quali non ce ne potrebbe fregare di meno. E' un po' come se vi dicessero di invogliare la gente a transitare sul vostro sito. Fareste di tutto per accaparrarvi l'attenzione dell'utente con messaggi ed inviti il più possibile convincenti. Ed è quello che le fake news fanno abitualmente, far guadagnare terzi dalla pubblicità attraverso quello che si chiama "clickbaiting". O quantomeno è il loro scopo più palese.

Perché insieme a questo giochetto più plateale, ne esiste uno decisamente più subdolo che mira, sempre generando traffico in modo quantomeno discutibile, a modificare nel tempo la percezione di determinati argomenti, e di conseguenza, ad influenzare le masse. Sarà stato difficile evitare un qualunque post sulla vostra timeline di facebook che non enfatizzasse l'insostenibile presenza di immigrati nel nostro paese degli ultimi anni. Indipendentemente da come la possiate pensare a riguardo, il riproporre continuamente, enfatizzando con titoli sensazionalistici, atti ed idee che spingono sempre in una determinata direzione, contribuisce a lungo andare a creare un clima di tensione e distorsione della realtà per una sorta di omologazione del pensiero. Un po' come quando la tv continua a riproporci ossessivamente il solito spot, il ritornello ci entra nelle orecchie e non ci lascia più. E' così che nascono i tormentoni estivi ed è così che le persone, soprattutto se in massa, diventano più vulnerabili a seguire indicazioni che spesso non godono di buona fede fin dal loro esordio online.

Sembra un discorso lontano da noi, ma provate ad immaginare cosa si possa fare ogni qualvolta si decida di "danneggiare" qualcuno in rete. Potremmo "insinuare", "diffamare" o semplicemente "far credere che" il soggetto in questione si sia comportato in un modo o in un altro semplicemente enfatizzando "parte" delle sue parole magari estrapolate dal contesto. E' questa confusione che viene generata ogni qualvolta una fake news si diffonde.

E sta diventando un problema serio, tanto da far scomodare Mark Zukerberg in persona. Le "bufale" in sostanza, sfruttano il sistema di condivisione, approfittano della nostra ignoranza e ci portano a modificare piano piano il nostro pensiero su molti degli argomenti più attuali. Non è una cosa che si esaurisce dopo aver abboccato al tranello, ma una metodica che viene ripetuta nel tempo e che genera in noi confusione "nel lungo periodo". E nei casi più gravi può arrivare ad alimentare sentimenti di odio verso il prossimo o una determinata categoria di persone, soprattutto se ciò riguarda qualcosa che ci tocchi da vicino.

Probabilmente un domani esisteranno algoritmi che riusciranno a stroncare sul nascere questo tipo di pratiche quantomeno disdicevoli, ma oggi che cosa possiamo fare per non cadere in continuazione nei soliti tranelli?

Per prima cosa controllare le fonti della notizia. Siti che campano con le fake news sono specializzati nel chiamarsi con nomi del tutto simili a quelli di organi ben più autorevoli. Una volta controllata e sgamata la fonte, cancellare e/o segnalare il post a facebook e non ricaderci più. Secondo, mantenersi informati. Eh si, la cultura e l'informazione, aiutano in ogni caso a capire al volo se quello che ci vogliono far credere sia credibile o meno, abbia una valenza e quindi sia degno della nostra attenzione o meno. Terzo, non condividere per il gusto del divertimento cose che siano palesemente fasulle e/o indubbiamente faziose o inverosimili. Quarto ed ultimo, farsi qualche domanda prima di aprire contenuti, magari solo dopo aver letto un titolo.

Non ci crederete, ma la maggior parte delle persone online apre contenuti e post su facebook solo leggendo il titolo. Il che significa che per portare avanti una strategia di "clickbaiting" esistono organizzazioni e/o aziende specializzate nella creazione di titoli ad effetto. Mai letto un "Non crederete a quello che è successo!" o "Cittadina rumena scoperta a rubare, indovinate cosa!"?. Sono ovviamente titoli inventati, ma pensate che nel secondo caso, per esempio, la vostra considerazione dei cittadini rumeni, dopo aver letto il post, migliori o peggiori? E provate ad immaginare di imbattervi ogni giorno in titoli (e post) di questo genere, siete veramente sicuri che le vostre convinzioni su un determinato argomento, dopo un po, non inizierebbero a scricchiolare? Il clickbaiting, in questo senso, sta facendo guadagnare qualcuno avendovi incuriosito ma sta anche, piano piano, modificando la percezione che possiate avere di un problema e/o un argomento. Sareste quindi in grado di dire chi potrebbe aver finanziato un certo tipo di campagna mediatica e perchè? Molto probabilmente no.

Dalla manipolazione delle opinioni all' organizzazione di veri e propri movimenti e/o spostamenti di voti pensate ci possa volere tanto? Così come internet si presenta sui social oggi ci potete scommettere che esista una vera e propria holding delle "fake news". E' un mercato che, appoggiandosi agli introiti pubblicitari, vale sicuramente milioni e con il quale, opportunamente tarato, è di fatto possibile danneggiare tutto e tutti, nessuno escluso.

Ecco perché il nostro principale alleato in questa guerra dell'informazione è la nostra cultura e la nostra maggiore attenzione. Dobbiamo farci più furbi ed essere più informati. Perchè non c'è niente di peggio di un popolo ignorante di fronte alla rete, milioni di utenti che in internet rimangono vittime di un'informazione spesso distorta e, in molti casi, fasulla.

Un'informazione verosimile, ma che non viene riconosciuta come tale, anzi, viene considerata vera. Una notizia che punta ai nostri peggiori istinti e, spesso e volentieri, fa breccia nel nostro cervello. Un cervello, ahimè, troppo poco abituato a pensare.

LA DIFFAMAZIONE ONLINE

La diffamazione, l'ingiuria e questo tipo di reati che hanno come scopo principale quello di "mettere in cattiva luce" e "offendere volutamente" qualcuno, sia esso singolo utente o azienda, è qualcosa che ha sempre riempito le pagine dei giornali negli anni. Se in un primo tempo questa situazione si verificava generalmente tramite la carta stampata o avveniva ogni tanto in qualche trasmissione televisiva poco educata, oggi, e sempre più spesso, le cronache sono piene di episodi che hanno di fatto spostato il luogo del reato dal "fisico" "all'intangibile", cioè online.

Questo per un motivo molto semplice. Il cattivo costume di diffamare o ingiuriare qualcuno nella vita di tutti i giorni si è letteralmente impossessato di un mezzo che, di fatto, riesce ancor meglio, ed in modo più efficace, a colpire l'oggetto del nostro rancore verso qualcuno. La rete, sempre più utilizzata dalla popolazione mondiale, è diventata il terreno ideale all'interno del quale scivolare in comportamenti che possono essere lesivi della reputazione altrui e che richiedono, di conseguenza, un maggiore autocontrollo per non cadere in tentazione.

Se nel mondo fisico avevamo i giornali all'interno dei quali si consumavamo periodicamente scaramucce di ogni tipo, e che, ogni tanto, finivano la loro corsa in tribunale, internet ha messo a disposizione negli anni altre mille possibilità per incappare in questo genere di reati. Con il web si sono diffusi i primi forum, i blog e ora i social, attraverso i quali ognuno di noi può

111

scrivere, commentare, esporre pubblicamente la propria opinione. Un intervento che non solo può essere letto, ma che, grazie alla struttura intrinseca della rete, può essere condiviso da terzi, aumentando di fatto in modo esponenziale il danno che si possa arrecare a terzi.

Se sulla carta stampata l'articolo viene obbligatoriamente firmato e quindi si riesce con certezza a risalire all'autore dello stesso, la rete ha a disposizione una serie di strumenti in più che, nella realtà, sembrano proteggere di fatto il protagonista di azioni poco corrette. Sul web è innanzi tutto possibile usare degli pseudonimi, o nick names, attraverso i quali nascondere, almeno in un primo momento, la propria identità. La nostra conversazione, e quindi la nostra opinione incriminata, potrebbe essere inclusa all'interno di un forum insieme a decine di altri interventi magari dello stesso tenore. Il solo fatto di essere all'interno di un gruppo che "in massa" critichi una persona, un prodotto o un'azienda permette di far percepire in minor misura il pericolo associato ad un certo tipo di azione che potrebbe risultare diffamatoria. In sostanza, gli utenti, forti del fatto di essere in gruppo a commentare e convinti di essere protetti da un certo tipo di privacy, si abbandonano ad esprimere giudizi che nella vita di tutti i giorni non diffonderebbero con altrettanta facilità.

La rete in questo senso, aiuta a nascondere le responsabilità in maniera più efficace di un giornale o dello stesso commento sprezzante fatto ad un talk show televisivo. In sostanza è come se su internet gli utenti si sentissero più protetti e, per questo, si sentissero autorizzati a sparare a zero su tutto e tutti impunemente. Ovviamente le cose non stanno proprio così. Benché le principali aziende siano perfettamente consce di doversi confrontare magari con clienti scontenti e/o spesso del tutto insoddisfatti e tendano a chiudere un occhio verso quello che in realtà diffami loro e i loro prodotti, la legislazione piano piano si è uniformata per cercare di ribadire come, oggi più che mai, il reato di diffamazione e ingiuria sia qualcosa di serio, in grado di fare più danni che se venisse perpetuato al di fuori di internet.

In poche parole, così come sulla carta stampata e/o nella vita di tutti i giorni, la rete non si può sottrarre alle regole del codice civile e penale e alla loro applicazione, compatibilmente con i distinguo che il mezzo impone. Un principio che, nella maggioranza dei casi, non viene ancora percepito come reale ed applicabile, spesso fino a quando non si finisce nei guai per aver commentato o scritto con un po troppa enfasi contro qualcosa o qualcuno.

Il fatto che oggi la nostra vita passi necessariamente attraverso una connessione, e di fatto avvenga online per buona parte della giornata, in molte realtà lavorative e non, implica il fatto che il nostro comportamento necessiti di essere adeguato al pari di quando siamo chiamati a rispettare all'esterno regole di buona e civile condotta nei confronti del nostro prossimo.

Ma chiariamo innanzi tutto cosa si intenda per diffamazione. Il nostro ordinamento considera il reato di diffamazione come qualcosa strettamente connesso alla persona, e al diritto all'onore, di cui ogni individuo è titolare. E la trattazione dell'argomento avviene all'interno del codice penale all'articolo 595 che dispone, differenziando la diffamazione dall'ingiuria, che chiunque offenda l'altrui reputazione possa essere punito con la reclusione fino ad un anno o con una multa fino al 1.032 euro. Se poi l'offesa fa riferimento e attribuisce un fatto determinato, la pena aumenta, così come l'ammenda. La differenza che è utile sottolineare, e che il codice penale analizza nell'articolo 594, è quella che distingua il reato di ingiuria da quello di diffamazione. Il primo si configura quando qualcuno offenda l'onore o il decoro di una persona "presente", mentre il secondo punisce il comportamento atto ad offendere in modo "indiretto", parlando con più persone e riferendosi ad una persona di fatto "non presente", cioè alle sue spalle.

Detto questo la "diffamazione" può realizzarsi in due modi, "a mezzo di stampa telematica" e "a mezzo di internet". Nel primo caso ci avviciniamo molto, senza scendere nello specifico in quanto non di mia competenza, a ciò che avviene per la stampa tradizionale. L'autore di un pezzo può essere chiamato in causa per aver "diffamato" qualcuno. Il secondo caso, è forse quello che ci riguarda tutti più da vicino perché si riferisce all'ipotesi in cui, uno scritto di un utente qualsiasi, possa essere considerato diffamatorio, magari su un forum, newsgroup o sui social. In questo caso l'interessato non sta scrivendo per una testata giornalistica e/o accreditata ma lo sta facendo per interesse e/o passione personale.

Sempre all'interno dell'articolo 595 del codice penale, la diffamazione online viene di fatto considerata un'aggravante della "diffamazione" proprio perché avviene attraverso un mezzo in grado di pubblicizzare il nostro pensiero in modo esponenziale, trasmettendolo ad una pluralità di soggetti.

L'argomento ovviamente non può essere spiegato in modo esaustivo in un volume come questo, ma qualcosa vale la pena sottolineare in modo da non doverci trovare nella malaugurata ipotesi di dover rendere conto delle nostre azioni online un giorno.

Perché si concretizzi il reato sono di fatto necessarie tre condizioni essenziali e contemporanee: 1. La comunicazione del messaggio a più persone 2. L'offesa alla reputazione di un soggetto che si può determinare 3. La volontà di usare espressioni offensive consapevolmente.

Proviamo a prendere in esame ognuno di questi punti fondamentali. L'offesa deve arrivare ad un soggetto che è determinato o che si possa riconoscere. In questo caso la reputazione è ciò che viene tutelata dalla nostra legislazione. Per arrivare a ledere l'onore del prossimo occorrerà usare termini ed espressioni non vere, volutamente offensive o denigratorie, ma spesso basterà l'insinuazione fine a se stessa, l'allusione o comunque il tentativo di deformare in qualche modo la realtà per far si che venga percepito, e si formi un reale convincimento nel lettore, che ciò che sosteniamo sia vero. La nostra "opinione" in se non basta per essere diffamatoria, occorre altresì che si possa chiaramente individuare il soggetto destinatario dell'offesa per attribuire alle nostre azioni una qualche valenza giuridica.

Il secondo punto che cerchiamo di verificare è un qualcosa che alla rete viene naturale. La diffamazione, per essere tale, deve avvenire tramite la diffusione, e quindi la comunicazione, a più persone, dell'offesa. L'esempio tipico che abbiamo online sono i forum o i social, i quali permettono, ad un grande numero di persone, di postare i propri pensieri e/o opinioni riguardo i più svariati argomenti. Il reato si potrebbe configurare quando il nostro pensiero, considerato offensivo verso qualcuno, venisse percepito da più persone come tale. In questo caso, e in molti altri, la reputazione che viene tutelata è messa in discussione dal fatto che la nostra offesa tenda ad essere "messa in piazza" e più persone possano esserne influenzate. Arrivare a capire e stabilire "quanto" una diffamazione si sia diffusa in rete è secondo me una cosa piuttosto difficile, ma penso anche che sia una discriminate assolutamente necessaria per poter attribuire un "valore" alla diffamazione stessa. In sostanza maggiore è la diffusione del nostro messaggio online e maggiore sarà il "danno" cagionato verso terzi. E' una cosa che spesso non consideriamo. Troppo spesso scriviamo e postiamo in rete qualcosa che siamo convinti possa avere una certa audience mentre in realtà il nostro pensiero potrebbe fare il giro del mondo in pochi minuti. Questa differenza, molto probabilmente, aiuta il giudice a determinare il danno e quindi l'eventuale risarcimento. Ma in primis dovremmo essere noi utenti a dover riflettere sul fatto di dover rispettare una netiquette che molto spesso in rete viene a mancare.

L'ultima condizione è quella che fa riconoscere come tale un comportamento offensivo. Ai fini della sussistenza della diffamazione, non è necessario che ci sia l'intenzione di "offendere" la reputazione di una persona, ma bensì basta la semplice volontà di utilizzare pressioni di un certo tipo, con la consapevolezza di voler o poter offendere. E' questo forse il punto più delicato della determinazione del reato. Le persone infatti possono tranquillamente esprimere le loro opinioni online. Il diritto di critica è sacrosanto e ampiamente tutelato dalla libertà di pensiero. E' lo spingersi oltre che può portare a risultati diffamatori ed imprevedibili. E determinare questa sottile differenza non è sempre facile. Così come il riuscire a rimanere nell'ambito del "lecito" con i nostri commenti in rete.

In sostanza, il diritto di esprimere liberamente il nostro pensiero con la parola scritta o con ogni altro mezzo di comunicazione, non può diventare la libertà di insultare e ledere l'onore e la reputazione altrui.

In rete gli utenti tendono a dimenticare facilmente questi semplici fondamentali. Così come si tende a dimenticare che per la nostra legislazione la responsabilità penale è qualcosa di "personale". Siamo "noi" a rimetterci, non il proprietario del forum, non il social, non il provider della connessione. Ecco perché dovremmo imparare ad usare la rete in modo "civile". Soprattutto i giovani tendono a dimenticare che le regole in vigore al di fuori di internet in realtà, con gli opportuni distinguo, valgano anche all'interno della rete. Accanirsi contro qualcuno, forzare oltre misura un nostro commento con l'intento di offendere e/o minare la credibilità di terzi o semplicemente insultare qualcuno online, può costare caro.

E' un livello di attenzione che gli utenti della rete hanno ancora troppo basso. E che troppe volte viene tollerato dal "sistema" internet, dimenticandosi però che la nostra diffamazione potrebbe restare "visibile" online per anni. E produrre, negli anni, un danno difficilmente quantificabile, qualcosa per la quale ci potremmo pentire amaramente. Sono cose che succedono raramente, obbietterà qualcuno.

E' vero. I contenuti in rete sono talmente numerosi che spesso tutto ciò che viene postato finisce in una sorta di "rumore di fondo" indecifrato e finisce per essere, prima o poi, dimenticato. Così come non sarebbe realistico pensare di poter far causa ad ogni pensiero e/o opinione diffamatoria in rete. I tribunali hanno già il loro bel da fare. Ma su una cosa penso si possa essere tutti d'accordo.

Usare la rete nel modo giusto può far solo bene. Ma soprattutto può far crescere e proliferare tutta una serie di contenuti di qualità che altrimenti verrebbero meno. Considerare internet il luogo preferito per i nostri sfoghi personali non è una buona idea. La rete non è nostra, non stiamo parlando con qualche amico ma stiamo diffondendo il nostro pensiero a tutti. Dovremmo quindi fermarci a pensare al contenuto dei nostri interventi prima di pubblicarli online. Quello che, in un impeto di rabbia, potrebbe essere uno sfogo diffamatorio verso terzi, domani potrebbe riguardare, e danneggiare noi. E' qualcosa a cui non si pensa mai, soprattutto se si è utenti giovani e poco esperti di certe tematiche, che meriterebbero di essere approfondite, persino all'interno delle scuole.

La verità però è che non serve essere esperti di internet per arrivare a capire che l'educazione e il respetto per il prossimo siano condizioni fondamentali per la convivenza civile. Internet non è un campo di battaglia. Non può venir usato per mettere alla gogna le persone e/o le aziende. La rete rappresenta una straordinaria opportunità che merita di essere sfruttata nel modo corretto, perché solo così riusciremo ad avere dei risultati dei quali andar fieri nel tempo.

Una volta si chiamava netiquette. Oggi la chiamerei "assunzione di responsabilità". Quanti di noi sarebbero pronti ad assumersi la responsabilità di ciò che hanno postato in rete negli anni? E quanti, con il senno di poi, vorrebbero non aver mai diffuso certi pensieri? Proviamo a pensarci. E se ci accorgessimo di avere la tendenza a sparare a zero contro tutto e tutti, forse sarebbe meglio lavorassimo su noi stessi per rientrare in un ambito di civiltà che, perché online, abbiamo spesso dimenticato.

CONCLUSIONI

Questo libro nasce dalla voglia di affrontare alcuni argomenti che riguardano la rete e che ci toccano tutti i giorni, sia che siamo utenti desktop sia che si navighi attraverso il cellulare. Possiamo farne un utilizzo superficiale di internet, quasi passivo, oppure possiamo avventurarci nel dorato (in alcuni casi) mondo dei lavori del futuro. In quel frangente conoscere i meccanismi che governano il web diventa fondamentale. Questo libro non ha la presunzione di insegnare trucchetti o strategie più o meno adatte a portare avanti il nostro business, ma si sforza di mettere nero su bianco alcuni concetti ai quali troppo spesso non pensiamo. Usiamo la rete in modo troppo disinvolto. Pensiamo sia un diritto universale ma non ci accorgiamo come prima ancora sia un servizio, e come tale, ci sia qualcuno che questo servizio ce lo faccia arrivare e ci permetta di usarlo. In questo ingranaggio è utile comprendere subito di far parte di un meccanismo all'interno del quale il nostro potere contrattuale non è molto elevato. Se per certi versi alcuni movimenti ed idee si fanno strada prepotentemente nel web, cento altri progetti vengono al tempo stesso soffocati dall'esuberanza e dal numero di proposte illimitate che la rete è in grado di offrire ogni giorno.

Fare business con internet non è cosa da tutti, ma non è sostanzialmente adatto a tutte le nostre idee imprenditoriali. Ci sono attività che meglio riescono a sfruttarne i benefici e moltissime altre che non riuscirebbero ad incrementare il loro fatturato neppure dopo anni. Così come ogni altro media, anche la rete ha i suoi meccanismi, il suo pubblico e i soggetti che svolgono un ruolo primario al suo interno. Sono quelli che abbiamo chiamato i grossi "players" di internet, sono quelli che ci danno la connessione, ci permettono di navigare, quelli che negli ultimi anni hanno creato dei veri e propri macrocosmi dentro i quali noi siamo convinti di avere tutte le libertà.

Riuscire a comprendere come non sia affatto così e apprendere le regole del gioco osservando internet da un punto di vista più distaccato può aiutarci a fare la differenza, sia a livello personale che lavorativo. Osservare i risultati di chi sembra avercela fatta può insegnarci molto, purché si riesca a recepire cosa possa adattarsi al nostro business. Al contrario, cercare di emulare chi sembra aver sfondato, in termini di numeri e fatturato, senza capire quanto lavoro ci sia dietro, può soltanto portarci al fallimento e a frustrazioni.

Tante sono le aziende e i professionisti presenti in rete. A parte i grossi colossi internazionali, che di fatto generano la stragrande maggioranza del traffico internet, solo una piccola parte di questi soggetti riesce veramente a sfruttare le potenzialità di un mezzo che può, in alcuni casi, permetterci di fare cose straordinarie. La colpa è spesso delle stesse aziende, convinte che avere la loro presenza sul web possa di punto in bianco dare una svolta al loro lavoro, troppo sicure di riuscire a comunicare nel modo corretto con gli utenti, certe di parlare loro con un linguaggio che, la maggioranza delle volte, resta ancorato al passato e non è adatto al popolo di internet.

La rete offre un'enorme opportunità e ha contribuito in questi anni a far nascere mestieri e professioni prima sconosciuti. Ha unito le persone e le ha rese quasi indipendenti dalle notizie dando loro spesso l'opportunità di "fare" notizia. Internet ha puntato sul nostro ego, ci ha affascinato con la sua facilità e la sua accessibilità, ma rimane pur sempre un gioco per il quale, prima di scendere in campo, occorre conoscere bene le regole.

Questo libro insomma aveva come obbiettivo il cercare di far riflettere su alcune delle situazioni che oggi diamo per scontate. L'utilizzo di internet per noi è ormai consuetudine e come tale la nostra percezione dei rischi si abbassa sempre di più. Al suo posto siamo tentati di metterci ogni volta la comodità, ogni volta che un'app ci permette di avere o fare qualcosa in meno tempo, ogni volta che tutto quello che fino al giorno prima abbiamo toccato con mano diventa "intangibile" riuscendo ad avere il medesimo servizio, ogni volta che basta cliccare da qualche parte per sentirci appagati. Questo senso di appagamento ci convince a poco a poco che tutto sia buono, che tutto vada bene, che tutto quello che facciamo online sia necessario. In realtà serve a confondere la nostra attenzione verso prodotti e servizi che altrimenti mai useremmo, verso necessità che fino al giorno prima ci saremmo mai sognati di avere, e verso situazioni che mai ci si sarebbero presentate se non fossimo stati online. E' una soddisfazione che ci fa chiudere fuori il resto del mondo, spesso isola i nostri ragazzi e noi stessi. Ed è una leva che ogni anno attira milioni di aziende e professionisti convinti di cambiare le sorti del loro lavoro perché online "si può fare".

La verità è che, di qualunque business si tratti, le vecchie regole che valgono fuori dalla rete non passeranno mai di moda. Fatica, dedizione e perseveranza non verranno mai sostituite da un banner pubblicitario o da un video promozionale su YouTube, l'attenzione al cliente che serve offline non verrà certo modificata da qualche commento su facebook in merito ad una lamentela. In sostanza un'azienda che sapeva fare il proprio lavoro fuori dalla rete, continuerà a farlo bene anche all'interno della stessa, una volta imparati i meccanismi di comunicazione. Non è qualcosa che nasce con internet, sono qualità che si formano con il tempo e che tutte le aziende serie hanno. Internet permette loro di arrivare a più persone e confrontarsi con una modernità che non può essere fermata. Ma se la base di partenza è solida, i rischi di insuccesso saranno minimi.

A noi, che vogliamo far parte dei protagonisti della rete, serve un serio esame delle nostre potenzialità "prima" di buttarci online. Serve capire se il nostro business sia adatto alla natura di internet e serve aver chiari quali siano gli obbiettivi che vorremmo ottenere dalla nostra presenza sul web. Se l'analisi sarà onesta, basata su dati credibili e senza troppa autostima in quel che facciamo, i risultati non tarderanno ad arrivare. E ben presto ci accorgeremo che lavorare "dentro" la rete non sarà tanto differente da prima. Perché in ogni caso richiederà fatica, dedizione, lacrime e sudore.